CARLOS ALBERTO ROJAS CALDERÓN

PALO BRAKAMUNDO
(EL PALO MONTE CUBANO)

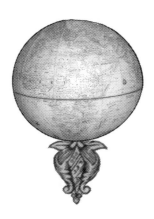

Para pedidos de copias adicionales de este libro, por favor contacte con:
Palibrio
1663 Liberty Drive, Suite 200
Bloomington, IN 47403
Llamadas desde los EE.UU. 877.407.5847
Llamadas internacionales +1.812.671.9757
Fax: +1.812.355.1576
ventas@palibrio.com
380140

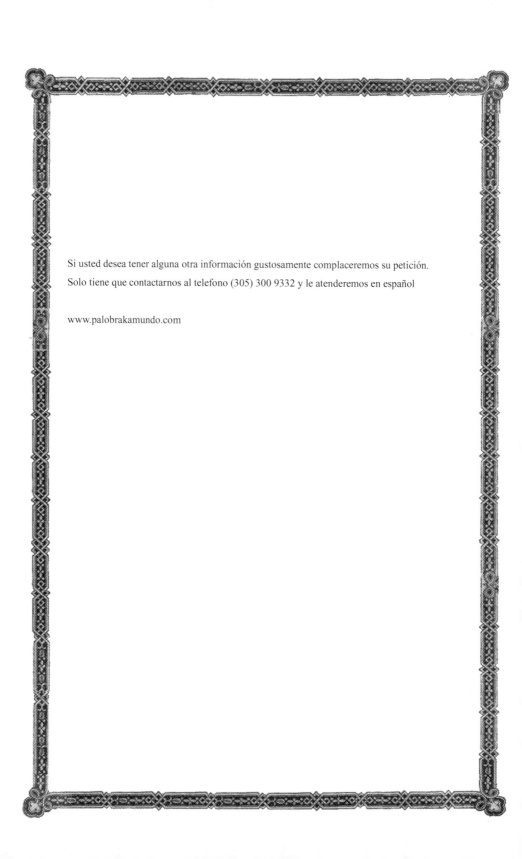

Si usted desea tener alguna otra información gustosamente complaceremos su petición.

Solo tiene que contactarnos al telefono (305) 300 9332 y le atenderemos en español

www.palobrakamundo.com

PROLOGO

El Libro Palo Brakamundo con sus historias, les hará volar la imaginación a tiempos remotos para que hagan un análisis de como se fue desarrollando la vida de los primeros pobladores del mundo.

Según la mitología africana fueron los congos reales (Riat) a quienes les tocó la honorable misión de la procreación del género humano. Las páginas de este libro plasman el arduo trabajo de casi tres décadas de estudios sistemáticos de la cultura afrocubana, guiado por el sentimiento que nos identifica con aquellos negros esclavos que fueron desarraigados de su lugar de origen.

En este libro conocerán algunos de los aspectos de la antigua civilización de los congos, base sólida y única que se extendió por casi todo el continente africano y llegó posteriormente a muchos rincones del nuevo mundo.

La religión de nuestros antepasados congos es la progenitora de todas las religiones africanas, sus simbologías, sus signos son escrituras mágicas en los que se apoyan sus ritos, que hacen del mayombe congo una verdadera fuente de códigos y misterios, que ayudaron a romper las barreras que ataban al hombre con el mundo animal y lo catapultaron a la civilización.

Estos esclavos africanos llegaron a distintos rincones del mundo, llevando su voz, su fuerza y su sabiduria, dándole vida eterna a esta religión, la cual profesaban como escape a su dolor, en busca de un alivio, de una salida a tanta explotación y miseria espiritual.

La cultura de nuestros antepasados es una reliquia, un legado que debemos conservar y transmitir a las nuevas generaciones para que hagan uso de ella en beneficio de la razón común. El Palo Monte para su desarrollo siempre ha contado con la supervisión de un Dios Supremo y otros dioses inferiores, apoyados por fuerzas sobrenaturales que acompañadas de los espíritus, lo fortalecen y convierten en una religión poderosa.

El Libro Palo Brakamundo será un maestro para usted, le ayudará a dar respuestas a las preguntas que siempre se ha hecho y que nadie ha podido responder. Se deleitarán con esta auténtica obra que solo tiene un objetivo, brindar una guía clara y certera que les oriente y enseñe todo lo relacionado con el origen y desarrollo de esta religión, con sus mitos y sus verdades, las que han sido escamoteadas por desconocedores de la materia y tergiversadas por otros que no supieron aclarar las dudas.

Somos lo que somos, somos lo que queremos ser, somos Nkisi Malongo, somos magia afrocubana a disposición de los hijos de Dios, nuestro Ser Supremo, que es uno solo y le llamamos con distintos nombres, debido a las diferentes culturas e idiomas. Lo que está escrito en cada página, es la verdad auténtica del congo, del esclavo y del hombre en general, no importa de quién nació, no importa donde esté y hacia donde se dirige; es un tributo a la verdad de una religión pura, practicada por el pueblo que es blanco, negro y mestizo.

ACERCA DEL AUTOR

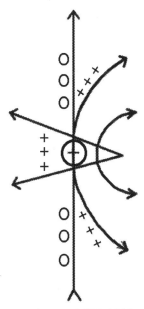

TATA TATANDI

Mi alma cubana se conmueve ante el conocimiento de la cultura y creencias religiosas africanas que tiene el Tata Tatandi (Padre experimentado de las ngangas) Carlos Alberto Rojas Calderón, que nació en el Vedado, Ciudad de la Habana, Cuba y creció en Guanabacoa. Desde muy temprana edad fue consagrado en el Palo Monte, en el munanzo (casa) de nombre Siete Rayos Trotamundo del Tatandi José Guerrero, Siete Rayos Vence Guerra.

Guanabacoa es muy conocida por ser asentamiento de creyentes y practicantes de las religiones afro (Lucumí, Mandinga, Gangá, Congo, Carabalí, entre otras) desde tiempos coloniales. Su nombre significa en la mitología aborígen de Cuba: Tierra de aguas puras y carbonatadas que brotan de sus entrañas. Esta fue una de las primeras villas fundadas por los españoles, también conocida con el nombre de Villa de la Asunción y vecina del ultramarino pueblo de Regla, con su santuario a la Virgen de Regla o (Yemayá) la dueña del mar.

NAZAKO

Desde éste pintoresco lugar, impregnado de la cultura afrocubana emigró este autor, el Tata Tatandi Carlos Alberto Rojas Calderón, consagrándose en África en otras religiones. En su juventud ingresó en la poderosa sociedad secreta Abakuá, de nombre Nsenillen Efor, ubicada en el barrio Los Pocitos de Marianao, en La Habana. En esta sociedad alcanzó el honorable título de NAZAKO, uno de los altos jerarcas de esta sociedad secreta, que lo convierte en el brujo de la potencia y cuya función dentro de ésta es: la comunicación directa con los antepasados que vigilan celosamente el desarrollo de la misma, para que se mantengan vivas las creencias de los carabalíes y poder transmitir este culto de generación en generación. Estas sociedades de socorro y de ayuda mutua integradas solamente por hombres, tiene su orígen en las sociedades de Los Leopardos, en el antiguo Calabar. Las sociedades secretas Abakuá en Cuba comienzan aparecer publicamente a partir de 1836, pero desde el mismo 1517 se fueron organizando en los barracones y luego clandestinamente, hacían sus prácticas desde la tercera década del siglo XVI, en las márgenes de los ríos, adentrándose en el monte. Estas sociedades todavía ejercen gran influencia en la población cubana, que utiliza su música, sus bailes típicos, su indumentaria, sus principios educativos y de su dialecto se han añadido infinidad de vocablos en el habla popular.

Las religiones africanas resultan complicadas para la gran mayoría de los que no las conocen pero están llenas de magnetismo, deslumbrantes historias e innumerables códigos y lenguajes, convirténdose en fuente inagotable de conocimientos que perduran en el tiempo. Abarca a sus ancestros y sus historias, mezcladas con las que vivieron los hombres que fueron traídos del África a Cuba para trabajar como esclavos, separados de sus familias, trasladados como animales encadenados y soportando duros castigos. Este capítulo de la trata negrera, llenó de dolor y tiñó con sangre la historia de los africanos en Cuba, abriendo el camino de lo afrocubano en nuestra cultura.

Por ser Carlos Alberto Rojas un heredero de los conocimientos de sus antepasados, en su obra encontrará una guía para descubrir y profundizar en el conocimiento ancestral, esperando que puedan descubrir en los brujos y el Palo Monte un tesoro inmenso. Se quiere rendir especial homenaje a los que sembraron esta semilla, la cultivaron y permitieron que sus raíces crecieran hasta nuestros días.

Dios es el gran creador de todo lo que existe y el que ha iluminado sus pensamientos.

Marisol S. Rodríguez

ESCUDO DE LA VIEJA GUANABACOA

PUEBLO QUE CONSERVA SU NOMBRE ORIGINAL
ABORIGEN CUBANO
QUE SIGNIFICA TIERRA DE AGUAS PURAS Y CARBONATADAS

Guanabacoa está situada al este de La Habana, fue fundada en 1743 por Real Cédula de Felipe V, Rey de España. Desde aquella época fue asentamiento de muchos practicantes de las religiones de origen africano, descendientes de esclavos que llegaron a Cuba durante la Trata Negrera provenientes de Gabón, El Congo, Guinea, Angola, Nigeria, Mozambique, Zanzibar y Mauritania; estos grupos traían sus costumbres y creencias Lucumí, Gangá, Congo, Mandinga y Carabalí entre otras.

INTRODUCCION

El Palo Monte o Mayombe Congo como también se le conoce, es una religión de origen africano que llega a Cuba en épocas del tráfico de esclavos, a comienzos del siglo XVI. Los esclavos africanos, una vez instalados en contra de su voluntad en tierras cubanas, tenían que laborar durante largas horas en las plantaciones de caña de azúcar bajo el asedio de los amos y mayorales. En la noche, dentro de sus fríos barracones donde obligatoriamente tenían que permanecer esperando la llegada de un nuevo día, lejos de su añorada tierra de donde fueron desarraigados, comenzaron a escribir su historia como religiosos africanos, convirtiéndose así estos barracones en templos, donde a escondidas se practicaban los cultos africanos que confluían en ellos; este fue el único legado que lograron traer y desarrollar para consolar sus tristes vivencias. Estas prácticas nocturnas estaban dirigidas a encontrarles soluciones a sus problemas para enfrentar la vida infrahumana que llevaban.

La primera religión de origen africano que llegó a tierras cubanas, fue el Palo Monte está lleno de misterios que aún no han sido del todo descifrados por sus adeptos y abarca toda la naturaleza creada está implicado en dar soluciones a los problemas que enfrentamos. Debido a la transculturación, los esclavos tuvieron que adaptar sus costumbres y prácticas religiosas; en el caso de los congos al fundamentar sus poderes (mpungos) carecían de elementos que sólo en África estaban a disposición de su religión y adaptaron muchos de los componentes minerales, vegetales y animales que se utilizaban en su constitución. Es la religión de origen africana más compleja de entender, sus misterios, sus verdades y sus poderes convierten a sus practicantes en seguidores de un caudal inmenso con reglas, símbolos, lenguaje, ceremonias, cantos, bailes e historias ancestrales que nos deslumbran cada día.

En la actualidad no se le da el valor que realmente merece, debido a la desinformación que la acompañó producto del hermetismo con que la protegieron nuestros ancestros, para que no se expandiera la religión de los congos fuera del África. Aunque muchos no la consideran una religión, sino como una secta diabólica, por la crudeza de sus ritos, les mostraré en los siguientes capítulos que esto es erróneo y que son falsos los criterios que muchos tienen al respecto.

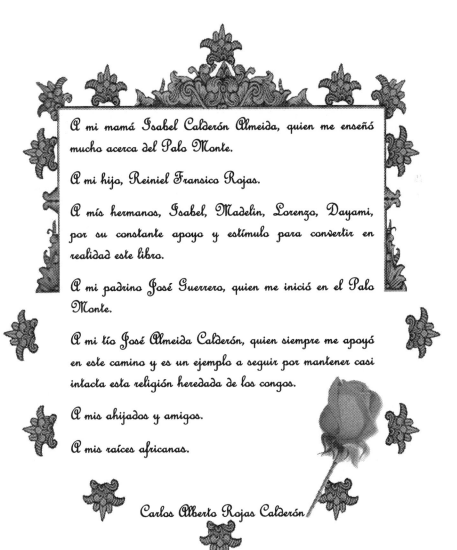

A mi mamá Isabel Calderón Almeida, quien me enseñó mucho acerca del Palo Monte.

A mi hijo, Reiniel Fransico Rojas.

A mis hermanos, Isabel, Madelin, Lorenzo, Dayami, por su constante apoyo y estímulo para convertir en realidad este libro.

A mi padrino José Guerrero, quien me inició en el Palo Monte.

A mi tío José Almeida Calderón, quien siempre me apoyó en este camino y es un ejemplo a seguir por mantener casi intacta esta religión heredada de los congos.

A mis ahijados y amigos.

A mis raíces africanas.

Carlos Alberto Rojas Calderón

SALA MALE KUN

Todo lo que bien aprendimos, es porque Dios quiso que lo aprendiéramos con algún objetivo, sólo Él sabe por qué hace las cosas. Lo que aprendemos en la Tierra, sólo nos sirve aquí, en esta dimensión; por esta razón antes de partir debemos dejar todo lo aprendido, ya sea oral o escrito en beneficio de las nuevas generaciones. Seríamos egoístas si a la hora de partir nos lo lleváramos, de qué nos serviría?.

Las religiones se deben transmitir de generación en generación, no debemos hacer lo mismo que hicieron muchos de nuestros antepasados, quienes prefirieron llevarse a la tumba muchos de sus conocimientos y secretos, antes de traspasárlos a las nuevas generaciones, por no creer que fuesen dignos de poder conservar con amor las religiones africanas.

MALE KUN SALA ME

INDICE

El (AFRICA) NKUNALLANDA

Este es el tercer continente más grande del mundo por su extensión, (3019660 km2); incluyendo las islas que se encuentran al sur del viejo mundo. Al continente africano lo separa de Europa el Mar Meditérraneo por el Norte, de Asia el Océano Indico por el Este y de América el Océano Atlántico por el Oeste. En general es un continente subdesarrollado, la violencia política y las dictaduras son comunes, sin embargo es un continente de gran potencial con grandes recursos naturales y una tremenda herencia cultural y las posibilidades de lograr mejoras significativas.

Del continente africano proviene nuestra religión, el Palo Monte, que es una derivación del Mayombe de los congos, que entró a costas cubanas debido a la transculturación en los tiempos de la trata negrera.

En esta obra, ¨Palo Brakamundo¨, que habla de los antepasados, sus poderes y reglas, expongo aspectos y relatos de un mundo mágico, desconocido, del cual muchos dudan que exista (pero no soy el más indicado para demostrar la realidad de nuestro mundo mágico, misterioso y divino que heredamos del continente africano). Esta obra está umbilicalmente eslabonada con mi vida, por lo que espero pueda aportar algunos aspectos de esta religión, para que la tradición continue y las nuevas generaciones se interesen por este legado heredado de nuestros antepasados.

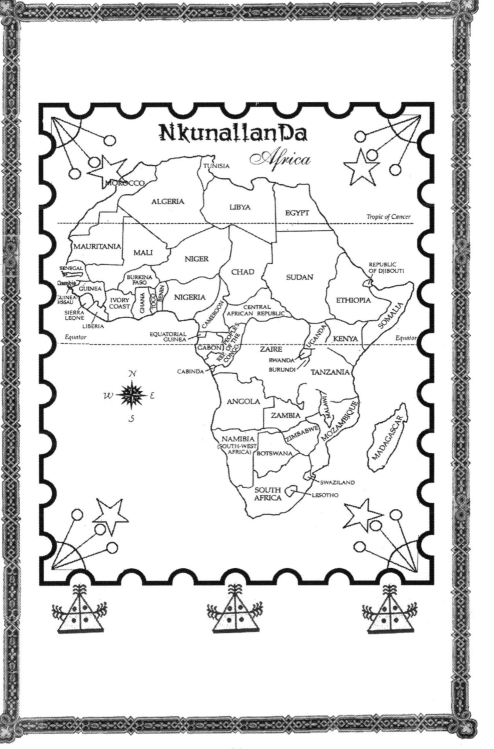

EL PRINCIPIO DE LA HISTORIA DE LOS CONGOS

La historia de nuestros antepasados está plasmada en el tiempo, esos africanos que fueron vendidos al mundo como esclavos; desde sus sencillas aldeas tenían sus propios poderes y un gran conocimiento de los recursos a su disposición, de la flora y la fauna, que ayudaron al fomento de su religión.

El Dios (Zambia) regidor de las fuerzas de la naturaleza propiciador de la fertilidad, quien les enseñó a las mujeres a reverenciar a los mpungos congos y a los cielos. En esos primeros tiempos las mujeres fueron las creadoras de todas las religiones africanas, en el caso especial del Mayombe éstas estuvieron en su principio bajo la asesoría de su Dios, padre de los cuatro gemelos civilizadores del género humano.

Las primeras líneas de la historia de los congos están escritas y basadas en el salvajismo que les tocó vivir a las mujeres. Las prácticas del Mayombe eran ocultas donde los hombres no podían tener participación de ningún tipo. Zambia y los mpungos les hicieron ver con sobrado tiempo a las mujeres que si los hombres lograban penetrar en su Mayombe más tarde o más temprano ellas pasarian a ocupar un último lugar en su religión.

El hombre siempre tuvo curiosidad por conocer de que se trataba el Mayombe, un mundo desconocido para ellos y trabajaron rigurosamente en busca de su introducción, para cumplir sus curiosidades se aprovecharon de la debilidad de la mujer y ésta fue su ventaja en el Mayombe. Las mujeres desobedecieron a sus dioses y le dieron participación a los hombres en su religión, quienes hacen su entrada triunfal en el Mayombe cuando estas requieren de sus servicios por su buen adiestramiento en el manejo de la percusión y en los bailes.

Zambia ofendido por la actitud que tomaron las mujeres las maldijo se marchó de la Tierra y nunca más se dejó ver por los seres humanos.

Los espíritus pasaron por primera vez en el Mayombe por cabeza de mujer, una vez que el hombre empezó a participar en la religión conga los espíritus también pasaron por sus cabezas y a partir de ese momento el hombre quedó instalado en el Mayombe para siempre y usurparon el lugar de las mujeres despojándolas de su religión a la fuerza.

El género humano fue creado por un Ser Supremo en unión admirable con la madre naturaleza y superó a los animales por su pensamiento, por encontrarle soluciones a los obstáculos y a las disyuntivas que les presentaba la vida. Los hombres y las mujeres llegaron al planeta para entregar amor y recibir amor, solo que la ambición desmedida, el querer estar por encima de los otros, generó como consecuencia los males de la esclavitud.

África, un continente lleno de árboles, de bosque frondoses, de tierra fértil, de hombres simples pero también brillantes, por sus pensamientos, por el ejercicio de su cultura y de sus tradiciones ancestrales; no pretendo en ningún momento ser un africanista, pero si quiero resaltar las huellas dolorosas que impuso en este continente, la esclavitud, que por mí condición de cubano conozco de cerca y su influencia ha marcado mi vida y mí quehacer investigativo.

Por el continente africano empezó la venta de seres humanos, los que eran llevados a lugares lejanos sin ninguna consideración, a vivir otra vida en un país extraño, a sufrir las injusticias que aún hoy nos asombran; así el negro se fue expandiendo por el mundo trabajando como esclavo, esa fue ironicamente la civilización que conocieron, la que los arrancó de sus seres queridos, de los brazos del amor; pero ellos ante el dolor se hicieron fuertes y afianzaron su verdad en busca de los misterios del más allá.

La historia dió otro giro y se escribieron nuevas líneas, la poderosa religión de los congos cruzó fronteras. En este siglo XXI, las personas buscan apoyo y quedan fascinados ante el poder del Palo Monte, preguntándose ¿Cómo puede ser tan atrayente y crear nexos con el más allá, sobreviviendo a todo; hoy día esta religión de los congos se ha hecho más fuerte, el mundo seguirá girando y la historia de los congos seguirá andando, trazando pautas con la ayuda de los ancestros.

LOS MPUNGOS

Los mpungos están dotados de bendiciones, fuerzas y luz celestial, que los apoyan en la intervención de la razón, el juicio y el poder, en conjunto con nuestros servicios y obras.

Son una obra divina, son los inmortales y escogidos para una vida placentera y prodigiosa en el más allá, de la vida, a la inmortalidad eterna, elevados por Dios del cielo a la categoría de deidades o potencias divinas.

Las historias de los mpungos congos llegaron a las costas cubanas algo fragmentadas producto del brusco traslado de los negros africanos a la isla, pero lo que nos llegó fue sólido y vino para quedarse y echar raíces, nadie jamás las podrá arrancar de la cultura afrocubana.

En el África quedaron veintinueve mpungos de los congos, que no lograron cruzar el mar.

Las piedras son parte importante de la vida terrestre e imprescindibles en todas las religiones de orígen africano donde se inscriben y se asientan las deidades y los mpungos

ZAMBIA

En las reglas del Palo Monte, Dios (Zambia) es el virtuoso de los cielos, creador del género humano que tuvo su tiempo en la tierra y el que hizo con sus propias mañas, la constructora fructificación de la tierra y les enseñó a los seres humanos, a como sobrevivir en ella, luego se marchó y nunca más se le vió.

EMBLEMA DE ZAMBIA

MPUNGO BUNTUN

Este mpungo es imprescindible en la religión del Palo Monte, constituye la estabilidad y el equilibrio del mundo, es considerada, la dueña de los mares y la madre universal de los tiempos. Una de las características de este mpungo, es que tiene que ver directamente con la salud de los seres humanos. Buntun fue bautizada por los cubanos con el nombre de Madre de Agua. En el África se fundamentaba en cazuela de madera, pero en Cuba se escogió como habitáculo a las tinajas de barro.

El mar es la casa del Mpungo Buntun y el orígen de la vida.
Literalmente el mar es asiento de todas las religiones de orígen africano.

MPUNGO NGURUFINDA

Ngurufinda fue el primer mpungo que se dejo ver por los seres humanos y lo hizo bajo la ira, para hacer escarmentar a los congos que no estaban cumpliendo con las leyes de la selva. Este mpungo vive colgado, en ningún momento toca la tierra y las mujeres, no pueden pasar por debajo de él porque se quedan infértiles. Este mpungo no nació en la tierra sino que apareció en el territorio de los congos, en el momento que se estaba formando la tierra. Ngurufinda pertenece por entero a la religión de los congos El Mayombe y es el dueño de la vegetación, son indiscutibles los poderes mágicos y religiosos que tienen las plantas y los arboles, que a su vez están llenas de propiedades curativas conocidas en el antiguo reino de los congos con el nombre de ngangantare estas propiedades misteriosas que tienen las plantas han sido aprovechadas por la medicina tradicional. En el Palo Monte, se le mantiene a Ngurufinda su nombre original africano.

Los negros congos consideraban que para entrar en los montes con la intención de obtener alguna planta, se tenia que pedir permiso al dueño de la vegetación, ngurufinda porque cada árbol, cada mata, cada flor, tiene su dueño; el triunfo de lo que estemos buscando através de la vegetación, depende por entero del cumplimiento de estos pasos. Las plantas y sus virtudes han llegado hasta nuestros días gracias al poder de Ngurufinda, por eso aquellos a los que tanto le debemos la formación de nuestra nacionalidad, decían que las plantas; "curan porque ellas son brujas", son medicinas del cuerpo y del alma porque estan bendecidas por ngurufinda.

El panteón yoruba en tiempos remotos estaba atravesando por una gran crisis y sus reyes fueron al territorio congo en busca de ayuda, los yorubas no progresaban por la falta de conocimiento de los misterios de la vegetación, en sus pueblos los hombres estaban muriendo y ellos no encontraban la solución a sus problemas; los congos no se negaron y les brindaron la ayuda necesaria en todas las cosas que estaban a su alcance, sobre todo los ayudaron religiosamente, les entregaron una guía del poderoso mpungo Ngurufinda para que salvaran sus pueblos y progresaran sus religiones, los yorubas agradecidos de los congos bautizaron a esta guía de Ngurufinda con el nombre: Osain.

Gracias a este gesto humanitario que tuvieron los congos con los yorubas no desapareció el panteón yoruba y se logró la afamada confederación de los orishas porque estos estaban a punto de desaparecer en el terrritorio yoruba.

El Mayombe congo a través de los siglos se consideró el laboratorio de la vegetación, donde se encuentran los más grandes misterios de la vida humana. Los negros congos esclavizados en Cuba eran grandes conocedores de los misterios de las plantas, mezclaban sus conocimientos con sus creencias religiosas en busqueda de subsistencia y supervivencia en el nuevo mundo impuesto.

SALUDO DE LOS NKISIS MALONGO PARA ENTRAR AL MONTE CON LA BENDICION DE NGURUFINDA

Nfinda mu ie kuenda ntoto nsila congo ba boa nkisi malongo sun su ndilanga corome ie ba bonda mpungo zarabanda ba bonda mpungo ngurufinda congo luango nani bilongo en gangantare tumbirona sualo katibe en lemba congo sualo katibe nfinda congo nkisi kuenda nfinda kuenda ba boa quimbiza timbiza mayombe otobario cuarilla congo kuenda ngombo en gangantare

MPUNGO KOBALLENDE

Según la mitología de los congos, Dios (Zambia), los abandonó y dejó en su lugar a Koballende, quien es su hijo mayor quedando encargado del destino de los congos.

Este mpungo es el patrón de los muertos, dueño de las noches y el responsable de la salud de los seres humanos, quien ocupó por mandato celestial la dirección absoluta de la religión de los muertos, sin la presencia de este mpungo no se puede realizar ninguna fundamentación en el Palo Monte, no puede faltar en las iniciaciones de los Tatas.

Foto de una Nganga Koballende

MPUNGO NKENGUE

Es el mpungo africano primógenito más viejo, y regidor absoluto de las fuerzas de la naturaleza, dueño del destino de los seres humanos y de los pueblos, creador de las palabras e irremplazable en todo momento de la vida. Nkengue, en la mitología de los congos, es representado por un anciano guerrero de pocas palabras y de muy mal carácter, fue designado por el Dios Supremo para interferir entre los dioses y los humanos.

En el África este mpungo no fue nunca objeto de culto directo, sino es sólo un mpungo de adoración, luego que se fundamenta es enterrado en las entradas de las aldeas para que las proteja. En Cuba, los criollos lo nombraron Tiembla Tierra.

Según datos que me llegaron por parte de mis antecesores qu lo vivieron de cerca, la primera nganga de Tiembla Tierra, fundamentada en Cuba, como reemplazo de la auténtica Nkengue de los congos, data del 24 de septiembre de 1930, en el pueblo de Batabanó, por el Tata Perico Chavalier descendiente de la rama de los Musundi koroma.

Las Montañas son obras divinas de la naturaleza y del Dios de los cielos, quien le dio el poder absoluto de ellas al Mpungo Nkengue.

MPUNGO MALENKE

Este mpungo hembra es la dueña de la fertilidad, de los ríos y manantiales, se considera guía del mundo de los espíritus y a la que más poderes mágicos le concedieron los dioses africanos. Los criollos cubanos la bautizaron con el nombre de Shola, es la más joven de los mpungos del reino sagrado de los congos y la más consentida. Sincretizada con el Orisha Oshún de los yorubas y en la religión católica con la Virgen de la Caridad del Cobre.

Dios (Zambia), le concedió a Shola el poder absoluto de las industrias, de las finanzas e implantar la justicia, formando los primeros guardias de la ley y crear las prisiones para poner el orden entre los humanos. Este mpungo enseñó a los congos a reverenciar a los dioses y les inculcó el sentimiento del amor.

Manantial que brota de las entrañas de la tierra, lugar donde nace el rio Oshún en el antiguo reino de ella, estáubicado en el pueblo de Oshogbo, que es la capital del estado de Osun, en el suroeste de Nigeria.

MPUNGO NZASI

Nzasi es un mpungo objeto de culto directo en el Palo Monte, por la infinidad de milagros concedidos, el que acaparó la mayor popularidad en la población cubana, siendo bautizado por los criollos cubanos con el nombre de Siete Rayos.

Es el dueño del fuego y de los rayos, quien les trajo a los seres humanos la civilización e hizo posible que el hombre conquistara el fuego. Tiene el poder absoluto de la virilidad de los hombres, es marido de muchas mujeres y padre de mucho hijos, así fue concebido por obra y gracia del Dios todo poderoso.

Según la mitología de los congos, Nzasi es el padre de los cuatro gemelos redentores del género humano. Su amigo inseparable es Koballende, lo secunda en todo momento, fue quien enseñó a los congos a bailar, cantar y tocar los instrumentos musicales. Se le adjudica ser el creador de la magia, tener la capacidad de traslación y es considerado el mpungo más justo.

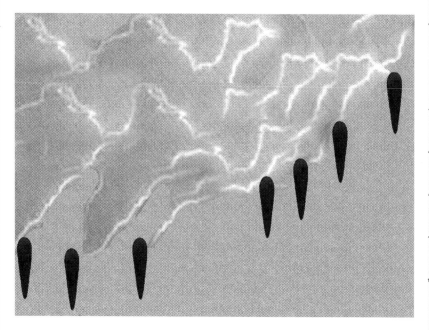

Escenificación de los relampagos y los rayos, una de las maneras de
manifestación del Mpungo Nzasi

MPUNGO IYAM DOKI

Es la señora de las tormentas y los huracanes, propiciadora de todos los fenómenos naturales. Es la patrona del cementerio y los criollos cubanos la bautizaron con el nombre de Centella.

De los mpungos que heredamos de la cultura de los congos, ésta es la más resabiosa. Cuando se fundamenta esta nganga en la religión de los congos Palo Monte, no debe convivir con las demás ngangas.

Esta nganga se tiene que mantener aislada y tapada con un paño negro y cuando se le sacrifica algún animal, ese día las demás ngangas, no puden comer. Cuando está enojada, su furia la descarga lanzando centellas y remolineando los vientos; este mpungo muy pocas veces permite que se realizen iniciaciones sobre élla.

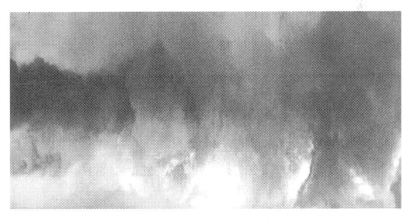

Escenificación de una tormenta, uno de los fenomenos donde se manifiesta el Mpungo Iyam Doki

MPUNGO ZARABANDA

Desde el primer momento los congos en la nueva tierra que les impusieron se negaron a dar información del Mayombe congo. Muchos de esos congos fueron cediendo poco a poco y los criollos cubanos lograron sacarle alguna que otra información. Con la ayuda de lo negros congos esta fue la primera nganga que fundamentaron los cubanos en busca de una semejanza del poderoso mpungo congo Barabanda, para aliviar algo de la situación que les estaba tocando vivir.

Se logró crear en tierras cubanas el primer mpungo afrocubano bautizado con el nombre de Zarabanda dueño del hierro y hacedor de los artesanos. Esta creación sucedió en la loma del Cusco el 20 de mayo de 1553, está ubicada entre la cordillera de los Órganos y el poblado pinareño de San Juan y Martínez, o sea 36 años después de la llegada de los primeros esclavos a Cuba. Este primer Zarabanda, fue bautizado con el nombre de Mala Fama Batalla Zunzu Carabalí Cubri Congo.

Esta fundamentación motivó a la inmensa mayoría de los congos para que apoyaran a los cubanos en su empeño de crear en Cuba, la religión de los muertos. La aparición del primer mpungo cubano hizo posible la abierta transculturación de las religiones africanas a tierras cubanas y en el caso específico del Mayombe, obtuvo en su nueva casa el nombre de Palo Monte cubano.

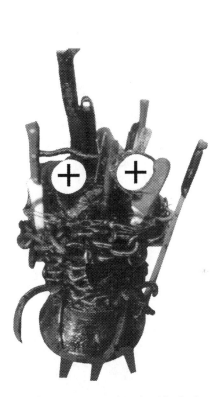

Foto de la Nganga Zarabanda Nfinda Congo

MPUNGO NKULLO

Es el mpungo más chico del Reino de los Congos y en Cuba se le bautizó con el nombre: Lucero. Este mpungo tiene características peculiares, está lleno de virtudes y nobleza, es imprescindible en el Palo Monte, de él depende la suerte y desarrollo de los hijos de ésta religión Lucero es un mpungo de culto directo y es el primero en todo lo relacionado con el Palo Monte, una de sus características es ser un fiel velador de los niños y los ancianos. Su sobreprotección con estos, lo pueden llevar a matar si lo entiende preciso. Lucero es el mpungo que con más cuidado debemos trabajar, porque lleva la vida y la muerte a la vez, no se sabe exactamente cuándo está bravo o contento, porque tiene la virtud de confundir y además usa muchas caras, de esa manera fue concebido ante los seres humanos.

Foto de una Nganga Nkullo

MPUN GOS NTALA Y NZAMBA

Estos son dos de los personajes claves de la mitología de los congos, la cual nos llegó de alguna manera fragmentada, estos mpungos hermanos y fieles guardianes del Dios (Zambia) son sagrados tanto en la Tierra como en el Reino Celestial; estan considerados como redentores del género humano y son portadores de los mayores misterios de la vida humana.

Estos gemelos, aliados a la religión del Palo Monte, son originarios de Benín y nacieron en la cueva mágica Lumbe, como hijos de Zambia, se considera en la mitología de los congos que en ésta cueva nacieron todas las deidades africanas y se esparcieron por todo el continente. Se encuentra ubicada en una de las montañas al norte de Benin. Los ganguleros representan a estos jimaguas, con cara de expresión infernal y unidos al mismo cordón umbilical. Estos hermanos son los dueños del bien y el mal, de las noches y los días; del principio y el fin de todo en el globo terráqueo. Además son los encargados de intervenir entre los dioses y los seres humanos, siendo los responsables del destino que corren los niños. Los mpungos Ntala y Nzamba (izquierdo y derecho) son los creadores de los trajes de bufones y payasos con los que hacen divertir a los niños de las aldeas africanas, se caracterizan por ser golosos, traviesos y muy juguetones.

En la actualidad existe un dato curioso, Benín es el país donde nacen más gemelos y trillizos en el mundo. Sus reglas religiosas les imponen que al nacer tienen que cargar consigo un muñeco que represente al hermano gemelo, esté vivo o muerto, con esto se trata de evitar que cuando crezcan se separen. Cuenta la historia que cuando un niño está aplaudiendo y riendo solo, se encuentra en presencia visible sólo para él, de estos semi-dioses, que se dejan ver y juegan con los niños menores de tres años y discapacitados mentales de cualquier edad.

Fetiches que representan a los Mpungos Ntala y Nzamba

SALUDO A LOS MPUNGOS Y A LOS ANTEPASADOS EN LA LENGUA BANTU QUE SE HABLA EN CUBA

Yesi zambe kuaria mpungo sala male kun nfumbe ke hiza munan zulo zambe taita mi guio nzulo taita mi ntoto yesi zambe zambe yesi mpungo zambe fuamen sala zambe fuamen tualan zambe iya porompo sala male kun male kun sala me kokolense mpungo cunallanda sala male kun ngurufinda mpungo yesi mi ntoto bami nllakara nganga sala male kun koballende mpungo taita ngo dilanga mpungo mi ntoto llen lle pamagua sala male kun kalumga muana mbuntu yayi cueta ngonda mun banza muzuku den de sala male kun mpungo nzasi nllakara nani bilongo mpungo sambe dun matari wuakilla nti fuman dan da kimpenza sala male kun zarabanda finda congo kulle bami mpungo nsila kangan dianbo cuenda nfunbe sala male kun shola yayi nkisi malongo muna kisi kisiako tumbi roña cuenda sualo kative cuenda nzulo kikiri menzo kuaria mpungo jiki mpungo koko wuanza Sala male kun mpungo iyam doki muana krillumba congo mpungo yole yayi guankila yayi nsasi nquila yayi gando mulendo nfinda a ma finda congo sala male kun mpague nkullo cueta ngonda mpungo nani lutete nllakara karilikamu guio nsila mi nti buri sala male kun kuaria congo sala male kun congo guinea sala male kun congo angola sala male kun congo benue sala male kun congo carabali sala male kun congo riat sala male kun congo bumboma sala male kun congo musunde sala male kun congo nemalba sala male kun congo luango sala male kun congo makaka sala male kun congo bakongo sala male kun congo macua sala male kun congo mundamba sala male kun toto nani bilongo sara nsara baratea ndiambo fumbe kuiki kiki mafinda kullere congo llellere nkitan ntanda ngo dilanga fuiri ndoke nkundia alullenda nfinda kuasi tambila

ANIVERSARIO DE LOS MPUNGOS CONGOS

Todos los mpungos congos tienen su fecha de aniversario, estas son independientes de las fechas de los santos católicos. En la antigua historia africana, los años estaban compuestos sólo por seis meses, comenzaban el primero de Enero y terminaban el treinta de Junio, cada mes tenía treinta días y un año ciento ochenta días.

Producto del fenómeno del sincretismo religioso, creado por la iglesia católica en la época colonial con la ayuda de profanadores de renombre, quienes lograron infiltrarse en las religiones afrocubanas con el objetivo de hacerles ver a sus seguidores que existía una similitud entre los mpungos y los orishas africanos con los adorados santos católicos.

Los habitantes de aquellas épocas blancos, negros y mestizos, practicantes de los cultos africanos eran analfabetos en su inmensa mayoría, se convirteron en presas fáciles de confundir por desconocer las letras y los números; esto ayudó a estos espías de la iglesia católica que se enfrascaron en crear un barniz para impedir la difusión unilateral de la religión africana y ponerla en una balanza con el catolicismo; cuyo fenómeno hasta el día de hoy tiene confundido a gran parte de los adeptos de las religiones afrocubanas, quienes dejaron en el olvido los días de los mpungos congos y de las demás religiones de origen africano.

En la actualidad los practicantes del Palo Monte continuamos celebrando los aniversarios de los mpungos congos a la par de los santos católicos; pero en el siguiente cuadro presentamos las fechas originales de los mpungos.

ANIVERSARIOS DE LOS MPUNGOS DEL PALO MONTE

NOMBRES EN EL AFRICA	NOMBRES EN CUBA	MES	DIA
NKULLO	LUCERO	ENERO	12
IYAM DOKI	CENTELLA	FEBRERO	9
BARABANDA	ZARABANDA	MARZO	11
KOBALLENDE	KUBALLENDE	ABRIL	10
BUNTUN	MADRE DE AGUA	MAYO	18
MALENKE	SHOLA	MAYO	20
NZASI	SIETE RAYO	JUNIO	17

LA MUERTE

Es la palabra más temida en la faz de la tierra, la muerte, en la lengua ki congo se le conoce con el nombre de **Nfuá**; se considera el poder más justo e injusto que existe y que actúa siguiendo y cumpliendo con las reglas del universo, que son las ordenanzas del Dios todopoderoso de los cielos.

La muerte hace que se cumpla la ley de la vida, que todo lo que nace tiene que morir, más tarde o más temprano. Todas las cabezas son elegibles en su misión y nadie ni nada se puede escapar de ella; pero no siempre es cruel y despiadada, en ocasiones escucha las súplicas de los mortales que abogan por alguien y se marcha por un tiempo. Los brujos (yimbes) son sus fieles aliados y pactan la vida de sus protegidos. La muerte se traslada a través de la lechuza que le presta su cuerpo para que lo use como su único medio de transporte.

SIMBOLOGIA DEL ALTAR DE LOS MPUNGOS AFRICANOS

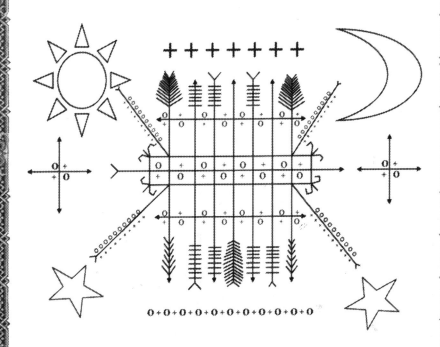

REINO DEL DIABLO Y SUS DEMONIOS

Muchos dudan que exista este lugar que porque en sus ideologías sólo existe lugar para el gran poder de Dios; de hecho todos los que creemos en alguna de las religiones de origen africano, sostemos con razón la dependencia y convivencia contra el Diablo y sus demonios con los mortales en la tierra.

El Diablo, ente invisible, lleno de poderes y virtudes, cuya mayor cualidad es hacerle creer a los terrícolas que su existencia es sólo un mito, para hacer y deshacer sin ser juzgado.

El bien y el mal siempre andan de la mano, quien creó el bien, creó el mal para que existiera el equilibrio en la vida de los seres humanos. La misma naturaleza se autodestruye y después se reconstruye, porque la lucha del bien y el mal, es la ley de la vida.

EMBLEMAS DE LOS DIGNATARIOS DEL INFIERNO

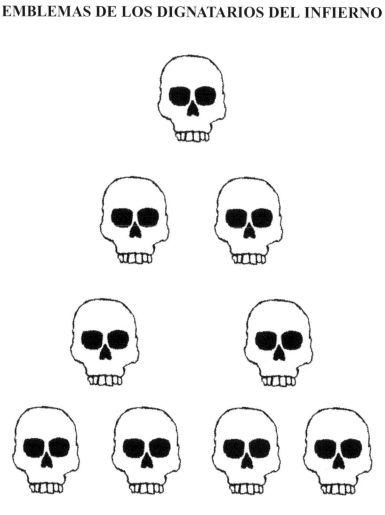

EMBLEMA DE LUM KAN KAZI (EL DIABLO)

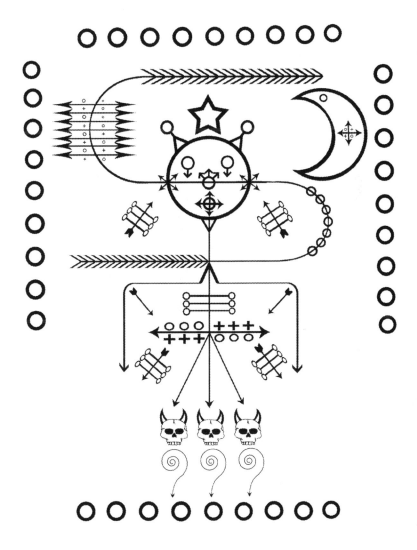

EMBLEMA DEL DEMONIO LUM KAMBE
EL JEFE DEL MINISTERIO DE LA TRANSFORMACION

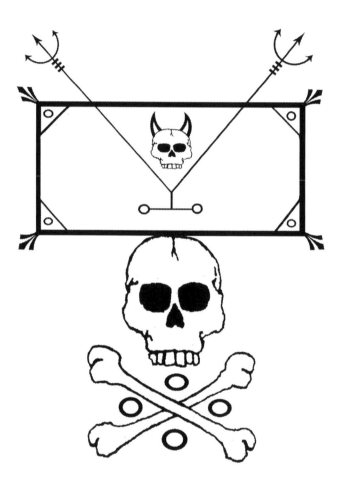

**EMBLEMA DEL DEMONIO LUM KAME DUEÑO DE LA
MAGIA QUE CONVIERTE A LOS HUMANOS EN ZOMBIS**

EMBLEMA DEL DEMONIO LUM KUAME
DUEÑO DE LOS PANTANOS Y VOLCANES

EMBLEMA DEL DEMONIO LUMBA NKUTU
JEFE DE LOS ESPIRITUS MALEVOLOS

EMBLEMA DEL DEMONIO KARIN MPEMBA
DUEÑO DEL FUEGO

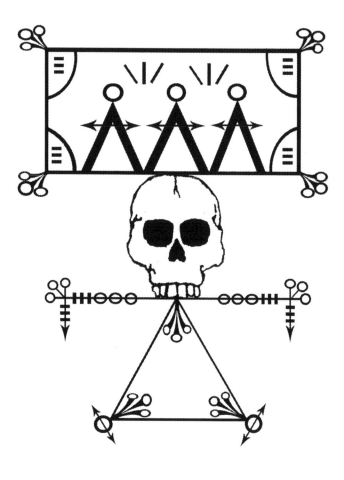

**EMBLEMA DEL DEMONIO KARIN NKOTO
DUEÑO DE LOS ANIMALES Y TODO LO QUE
SEA VENENOSO**

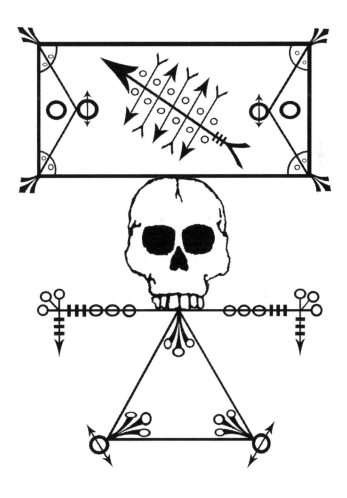

EMBLEMA DEL DEMONIO KARIN MBOMBO
JEFE DE LOS FANTASMAS Y LAS BRUJAS

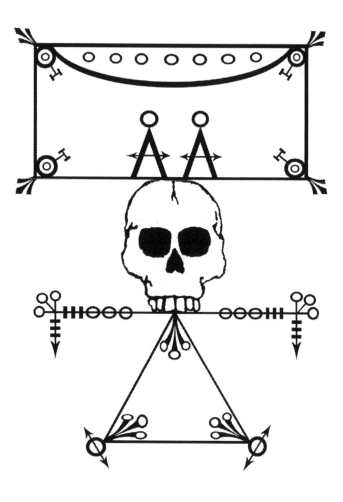

EMBLEMA DEL DEMONIO KARIN MBEMBO
DUEÑO DE LAS ARMAS Y LAS GUERRAS

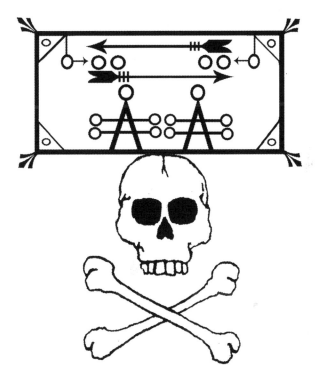

YESO BLANCO UNA HISTORIA SURGIDA
EN LOS TIEMPOS REMOTOS DEL AFRICA

Las historias del mundo en general son increíbles y están marcadas por acontecimientos únicos, por verdades perdidas en el tiempo y verdades que nunca mueren. Así son las historias de las religiones africanas. Cosas increíbles, que marcan pausas en la vida de cualquier religioso, conocer sus historias, que son fascinantes y ayudan a entender sus misterios, sus ritos y que al final son la esencia del poder del más alla aquí en la tierra.

El uso del Yeso Blanco en todas las religiones es de vital importancia y marca caminos en las religiones africanas, para el desarrollo del poder evolutivo de las mismas, pero su historia también es increíble.

El pensamiento del africano en sus inicios era simple, aún no se conocían los beneficios del yeso, porque para ellos lo único blanco que existía, era la calavera del negro, (Nkato Banane Mundele Kiziaco), todo lo que fuese blanco, les causaba una mala impresión, la presencia de un hombre blanco, al negro le resultaba espantoso porque solo estaba acostumbrado a ver personas de su mismo color.

En el viejo Calabar existieron tribus de albinos que habitaban las zonas volcánicas, y producto de los gases que despedían esos volcanes, ellos padecían de despigmentación enfermedad de la piel y tambien de problemas visuales. A ellos les molestaba el sol, sólo salían de sus chozas en la noche. Le llamaron a estos hombres albinos, Mukarara Nankavia, hombres que vivían a la orilla del mar, los ríos y al pie de los volcanes. Ellos fueron rechazados porque los consideraron cosas malas, que surgían de las tinieblas.

La historia continuaba, en áquel entonces los negros estaban advertidos por sus dioses, que algún día llegarían a sus tierras hombre blancos, que venían para explotarlos y cambiar el rumbo, de sus vidas y estos serían hombres de otras tierras que vendrían hacerles daño.

Se considera al viejo contienente africano, como el lugar de la historia más antigua de la Tierra, la cual ha sido trasmitida a sus descendiente oralmente y a través de sus simbologías por desconocer el manejo de las letras en ese entonces y aquí empieza la historia de uno de los momentos más grandes en la historia de la religión africana.

Cuenta la mitología del africano que en el mundo noble y tranquilo en que vivian durante una época todo cambio producto de muchos robos y asaltos, la tranquilidad tribal se perdió y el descontento minó sus almas. En cualquier horario, los asaltantes y ladrones cometían sus fechorías inescrupulosas y en muchas ocasiones sacrificaban a sus víctimas.

Ningún camino era seguro, tanto por los bandidos, como por los animales feroces. Según estas tribus, los malhechores eran procedentes del reino Takroor, el actual Sokoto, de allá salían los ladrones ordenadamente. Ese reino sufría de una constante sequía de hambruna y epidemias que los llevó a tomar la decisión de la supervivencia a cualquier costo, sin importarles nada ni nadie.

Los aldeanos de esos entornos se pusieron de acuerdo para actuar contra los ladrones y poder salvar sus vidas, crearon muchos planes para cazar a los malhechores, tomaron todo tipo de medidas, unas funcionaron y otras no, unos ladrones lograban burlar estas medidas para vencerlos, prepararon una caravana de mujeres jóvenes y bonitas que transportaban vino de harina, que era el más codiciado en ese entonces. Sabían que de esa manera las mujeres no iban hacer asesinadas, las iban a utilizar en sus instintos de hombres sedientos de sexo y a la vez celebrarían esta fiesta, con ese mismo vino, de esa manera y dándole horas de por medio, gran parte de los asaltantes estuvieran ebrios y ellos podrían aniquilarlos sin problemas. Este plan resulto hasta cierto punto, cayeron muchos, pero no todos, porque el robo diariamente se multiplicaba.

Las aldeas vecinas del reino de Takroor, decidieron crear por primera vez en el mundo, la guardia nocturna, para cuidar sus intereses de los malhechores. El objetivo principal era dejarlos pasar y una vez dentro, atraparlos vivos y llevarlos a la loma Nkuko, desde donde con sus tambores anunciaban las ejecuciones para darles el escarmiento, una vez decapitados, los lanzaban cerro abajo.

En cierta ocasión treinta y seis ladrones penetraron a una aldea y fueron rodeados por los aldeanos, y la única opción que tuvieron fue correr y penetrar en el pantáno, lugar donde nadie había podido sobrevivir, los ladrones desconocían la existencia del mismo.

Los aldeanos los dieron por muertos y regresaron, pero estos hombre no murieron, se mantuvieron dentro del pantano toda la noche, cuando amaneció, decidieron salir y a medida que el viento batía sus cuerpos se iban secando y el lodo hizo una capa blanca en sus cuerpos, entre ellos mismos se asustaron; pero había que sacarle provecho al susto, para salir de esa zona no tenían otra opción que atravesar la aldea, sabiendo que el color blanco, causaría horror a los aldeanos.

Cuando éstos los vieron salir del pantano se aterrorizaron pensando que eran los espíritus de los ladrones y toda la aldea corrió monte adentro, dejando la aldea abandonada, los malechores se aprovecharon y robaron a sus antojos.

Luego usaron esta estrategia en muchos lugares, para robar. Pero un buen día había un joven a la orilla del pantano que escuhó como se burlaban de la forma en que tenían aterrorizados a todos los aldeanos y este puso sobreaviso los aldeanos contándoles lo que había escuchado y todo cambió en esta historia, cuando éstos llegaron a hacer de las suyas usando el disfraz del lodo fueron atrapados, y ejecutados. Los aldeanos crearon así el patíbulo, que no era más que la simbología de la muerte y decidieron hacerla con el yeso blanco, que hacían con el lodo del pantáno.

El precio que pagaban era la decapitación y sus cabezas eran encajadas en los palos de los caminos, para darles un escarmiento a los otros ladrones y así pararan de hacer sus fechorias. Pero por desgracia, estas medidas tomadas por los aldeanos, no les servían de escarmientos a estos hombres y por el contrario, por día aumentaban los asaltos, los robos y los ataques a los pobres aldeanos que veían sus destinos cada vez más negros e inseguros.

A partir de estos acontecimientos, en todas las religiones africanas empezaron a usar el yeso blanco, como símbolo de la muerte, que surge de las tinieblas. El color blanco dejó de ser temido por los africanos, el yeso blanco pasó a ser un instrumento que se usaba a diario y así se estableció como algo indispensable.

Todos los altares de los difuntos son trazados con el yeso blanco, que es considerado el color que espanta a los malos espíritus. Cuando el africano creía tener un espíritu maligno, de pies a cabeza se pintaba con yeso blanco y cruzaba nadando el río y de esta manera, eran desencarnados de los espíritus malévolos.

En estos tiempos en las religiones de origen africano, se le da bastante uso a la cascarilla, que es un tipo de yeso blanco y generalmente se asocia con un atributo del orisha Obatalá. Quisiera aportar algo a los lectores, la cascarilla es como el cuchillo de doble filo. No todo lo que brilla es oro; en el mundo mágico de las religiones negras, no se puede actuar sólo por inspiración, no siempre los materiales e instrumentos de estas religiones pueden estar a su favor. Lo que fue medicina ayer puede ser el veneno de mañana.

EL TABU DE LOS HOMOSEXUALES Y LAS RELIGIONES AFROCUBANAS

Hemos querido remontarnos hasta el 1500 de n. e; no para juzgar, sino investigar sobre los motivos y las causas de los raptos de negros africanos, que posteriormente fueron canjeados y llevados a las plantaciones de América, el nuevo mundo, para trabajar como esclavos; entre ellos se encontraban reyes, príncipes y súbditos, con sus familias; ¿Pero cómo llegaron a convertirse en esclavos?.

Los negros fueron vendidos al extranjero, comprados y negociados por un sector de sus propios compatriotas; los que en áquellos tiempos tan lejanos en el lente histórico, practicaban la sodomia y vivían en las tribus o comunidades costeras. Estos homosexuales o panganionis que abandonaron sus tribus buscando su propia libertad, marcando su propio destino, se sentían menos, a pesar de no haber sido nunca rechazados.

Comenzaron a labrarse su propia vida, así se apoderaron de las costas, donde se sentían protegidos y poderosos. Les gustaba practicar la pesca, trabajo que los caracterizó desde los primeros tiempos; se alejaron de sus comunidades, de sus familiares y de sus pueblos. Frente al mar crearon sus danzas, formaron sus costumbres y trazaron su venganza y traición hacia lo que representaban sus vidas anteriores, se convirtieron en verdugos de sus raíces.

Fueron los primeros en negociar con los extranjeros que llegaban de Portugal, España y de otras regiones a las costas de África, además los primeros en explotar la sal concentrada en el mar. La sal fue usada como forma de pago y constituyó para ellos su monopolio, quien quería sal tenía que negociar con ellos, también hacían canjes con las tribus de la selva.

Estos homosexuales africanos haciendo honor a la verdad, traicionaron a los suyos, a sus tribus, a sus descendientes. Los sodomistas de áquellos tiempos en África traicionaron a sus propios hermanos, y de la noche a la mañana los convirtieron en esclavos, constituyendo así la primera mano de obra barata. Los negros africanos fueron llevados por el mundo, subastados y vendidos como esclavos.

Esa página de la historia tan irracional, tan injusta, tan dolorosa, fue la que provocó que los homosexuales, en pago a su alta traición fueran catalogados como perversos y depravados. Eso creó un tabú, que los apartó de la religión y de la vida social, donde pagaron justos, por pecadores.

Las nuevas generaciones de africanos calificaron de perversos a los que fueron capaces de comercializar con ellos, de venderlos por migajas al extranjero aventurero y cruel. Esa huella llena de sangre y dolor, no la olvidaron los antepasados, ni las generaciones que le siguieron, se convirtió en una herida difícil de cicatrizar. No es el ser homosexual, el tabú absoluto, sino porque se vendieron para permitir la explotación de sus propios hermanos.

Aquí en el nuevo mundo empezaron a ser aceptados los homosexuales, por las religiones de origen lucumí. Luego comenzaron sus luchas por querer hacer su entrada en el Palo Monte pero los descendientes de congos y de carabalí respondieron agresivamente y no lo permitieron. Los congos se convirtieron en tierras cubanas, en los mayores enemigos de la homosexualidad.

Ellos los llamaron en su lengua "Ki Kongo"; Panganioni porque consideraban que todas sus desgracias y las de sus antepasados se las debían a ellos, porque fueron los que los traicionaron sin piedad y los vendieron al extranjero como esclavos en sus tierras africanas.

Una nueva historia se comenzó a escribir, en el transcurso de los años, entrando al siglo XIX, los homosexuales al sentirse rechazados, emplearon sus propias armas religiosas y así crearon los famosos calderos espirituales, para competir con la religión africana, esencialmente con el Palo Monte.

Sabemos que hoy en día la homosexualidad es una preferencia sexual quizás un problema genético; que es inherente al ser humano que muchos se han visto atrapados en un cuerpo de hombre, sintiéndose como mujer o viceversa. Todas las aguas han cogido su cauce, la preferencia sexual no distingue, ni separa. Todos somos hijos de Dios y Él es Amor.

¿QUÉ ES EL PALO MONTE?

Es una de las distintas denominaciones de los ritos africanos que se desarrollaron en Cuba en épocas de la esclavitud, haciendo una semejanza del añorado Mayombe, religión primitiva de los negros congos.

Los africanos y en especial los congos que fueron los primeros en ser traídos del África a Cuba, no entendían como el Mayombe que era su religión, el único patrimonio que pudieron traer, tenía un nuevo escenario impuesto por la desgracia de la esclavitud, esto conllevó a que les negaran a sus descendientes la participación en ella, por el sólo hecho de no haber nacido en África. El dolor del negro esclavo y sus sufrimientos por tanta explotación, los convirtieron en herméticos y duros, posibilitando que algo tan inmenso quedara en el misterio y los secretos fuesen llevados a la tumba. El sudor que corría por sus cuerpos debido al extenuante trabajo, la sangre que brotaba de cada herida dejada en sus cuerpos, por los castigos de los mayorales y la intensidad de su nostalgia al estar lejos de su lugar de origen, separados de sus familiares, los llenó de odio y rencor. Buscando respuestas a su situación y un escape a tanto dolor, los llevó a que se refugiaran en su religión, a través de su fé en el muerto, de sus cantos, de sus bailes y de los misterios, todo lo cual los fortaleció.

Con el paso de los años todo fue cambiando, aunque les costó trabajo a los descendientes de los africanos nacidos en Cuba, recuperaron algo del Mayombe Congo para crear el poderoso Palo Monte, la religión de los muertos y encargada de la unificación del espíritu y de la materia con los beneficios de la naturaleza. Todos los misterios están estrechamente ligados y asesorados por el Dios Supremo y los dioses inferiores que trabajan totalmente sincronizados en beneficio de los mortales. El Palo Monte fue creado por el amor a los antepasados y a su entorno, con la dependencia absoluta del Dios Creador. Su gran poder junto a las fuerzas del más allá nos dan la posibilidad de seguir conociendo los secretos de nuestros muertos, escuchar sus consejos, con la visión de un espacio más amplio para llevar amor y compasión al que lo necesita.

Nuestra imaginación puede viajar a donde sea, al espacio que querramos y detenernos en el monte, porque éste es el escenario de esta religión. El amor es la razón de la vida y el Palo Monte, es la suma de todo el amor para enfrentar a cualquier problema que tengan sus hijos usando todo lo natural y sobrenatural, que son las armas con las que contamos para nuestra defensa. El Palo Monte pertenece por entero al mundo de los muertos, donde a través de ceremonias secretas, místicas y mágicas se inscriben los vivos en dicho mundo para ser protegidos en cada momento por los misterios de la naturaleza universal y de sus poderes sobrenaturales.

El Palo Monte ofrece todo esto y mucho más, podríamos salvar a una madre, un hijo, y a nosotros si lo necesitáramos; con sus secretos y misterios nos salvamos de una muerte repentina, siempre y cuando no estemos cumplidos, podemos comunicarnos con un espíritu familiar que quisiéramos escuchar, su amplitud está dada a través de sus poderes (mpungos), podemos lograr cosas increíbles y conocer misterios del más allá que ante nuestros ojos estaban vedados; la vida y la muerte se entrelazan, al hablar con esos muertos y espíritus nos adentramos en sus vidas pasadas, descubrimos los errores cometidos y como hacerlos felices en el más allá. Ese es el mayor legado que nos dejaron el africano, el congo y el muerto; porque todos son uno.

A través del tiempo la población de adeptos cubanos ha tratado de recuperar con infinidades de obstáculos El Palo Monte que es el producto de la esencia africana sin salvajismos. Con sus secretos llevados a la tumba, con sus misterios ocultos para no ser descifrados, en una lucha constante por desentrañar la verdad y dársela a conocer a todos, para que aprendan a no temerle al brujo, a no temer al Palo Monte y desenmascarar a aquellos que tratan de tergiversar la verdad. El Palo Monte es la naturaleza concentrada y dirigida por los mortales y los espíritus de los antepasados llegará algún día a manos de todos con su poder.

Con su verdad, con sus misterios y con su esencia. Dios está con nosotros, está con el legado más bello de esta religión y no perdamos la fé, no tengamos miedo a conocer la verdad de esta religión, podemos creer en ella, podemos adentrarnos en sus misterios y la verdad quedará en nuestras manos, conozcamos esta religión, dejemos abiertos el corazón a cada verdad y aceptemos sus misterios. Al final nos dejaremos atrapar por su fuerza espiritual.

El Palo Monte esencialmente es un acto combinado de creencias que se desarrollan mediante cultos, ritos, ceremonias, trabajos y fiestas acompañadas del ritmo de tambores, de los cantos y las ofrendas con las que se idolatran e iluminan en su sitio sagrado a los poderes (mpungos), creados por Dios (Zambia), con la influencia de fuerzas invisibles, anónimas y misteriosas asesoradas por espíritus que mantienen vivas las doctrinas del Mayombe Congo, consiguiendo que la religión de los muertos trascienda de generación en generación.

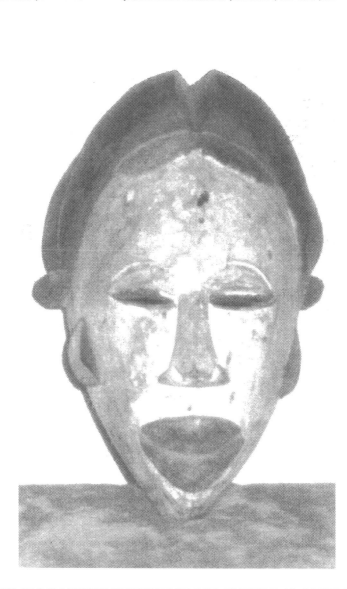

**EL PALO MONTE PERTENECE POR ENTERO AL MUNDO
DE LOS MUERTOS**

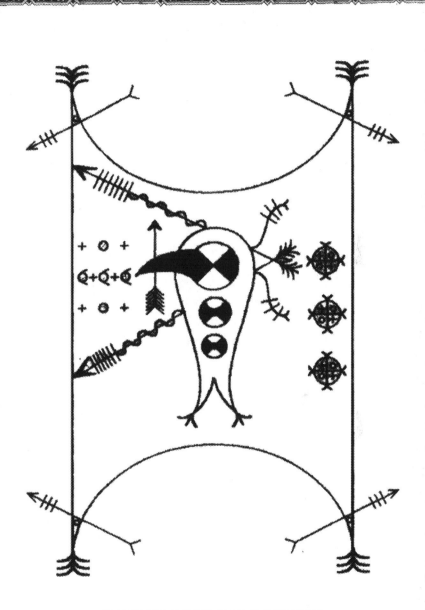

BANDERA DEL PALO MONTE

Ki congo (zan bandimbo nkunia kua sitambola)

¿COMO MANTENER UNA BUENA RELACION CON EL PALO MONTE?

Esta religión cubana heredada de los negros esclavos, posee un carácter crudo y primitivo, que a su vez no acepta muchas cosas de la civilización actual; lo bello de todas las religiones es mantenerlas como desde un principio. Los cambios en gran parte, las deslumbran y se pierde la fuerza natural que poseen. En el caso específico del Palo Monte las innovaciones pueden traer malos resultados; esta es una religión movida por los espíritus materializados, que obedecen sólo a los brujos (yimbes); pero éstos espíritus descontrolados pueden ser un arma de doble filo, se pueden rebelar contra ellos, para que ésto no suceda, hay que cumplir con las exigencias de las Reglas del Palo Monte.

Nos encontramos en éstos tiempos con muchos casos donde los sacerdotes del Palo Monte dan por realizados sus trabajos, cuando sacrifican algún animal; no en todo momento los espíritus desean que sobre las ngangas se hagan sacrificios. Los espíritus se alimentan a través de los olores, no de los contenidos; ejemplo de esto es que si le ofrendamos un toro a cualquier nganga, los espíritus solo aprovechan el olor que despide la sangre del animal y la temperatura que tiene la sangre cuando está en un cuerpo vivo, que es la que ellos necesitan para tener en el plano terrenal el poder de traslación y de existencia espiritual.

Para mantener una nganga con fuerza sobrenatural se deben emplear opciones donde se aprovechen los recursos de la naturaleza y en lo último que debemos pensar es en el sacrificio, que es muy necesario, pero a su debido tiempo, sin llegar a los excesos que hoy se ven, de la mano de sacerdotes inexpertos que todo lo quieren resolver con la presencia de la sangre, aprovechándola para resolver los problemas del diario acontecer, como si fuese algún tipo de combustible erróneo concepto de éstos tiempos. Los pasos rituales adecuados son los que resuelven los problemas, no el acto del sacrificio en sí.

Las religiones de origen africano son movidas a través de simbologías, que son las encargadas de atraer las fuerzas que se necesitan, las oraciones y los cantos son los que atraen a los espíritus que desenvuelven los objetivos. Las ngangas en su totalidad se alimentan de la naturaleza, de la vida que tienen los árboles y las plantas; la flora es elemental en la existencia de ésta religión, como lo son otros productos de origen vegetal, el aguardiente, la pólvora, el carbón, la chamba, la miel, la ceniza, etc. Así mismo utiliza productos de origen animal como las pieles, los tarros,

NGANGA

En la mitología de la antigüedad africana (Nganga) es el depósito sagrado de los restos de los ancentros. La religión Mayombe Congo de la cual se origina el Palo Monte está dirigida por las fuerzas ancestrales y bajo la supervisión extrasensorial de las ngangas.

Los congos iban al pie de las sepulturas de sus seres queridos a buscar soluciones para infinidades de problemas y se comunicaban con ellos a través de las voces, recibian las respuestas que les enviaban del más allá de ahí tomaban las determinaciones para solucionar todo tipo de problemas. Con el paso del tiempo, estas comunicaciones con el más allá se fueron perfeccionando y en el interior de estas sepulturas, se fueron depositando ciertos elementos naturales para que la comunicación entre el hombre y los espíritus fuera más nítida y de más larga duración.

Según fueron pasando los tiempos y los hombres civilizándose, crearon bajo este mismo principio las (Nganga) los depósitos con elementos reducidos; para contactar a los ancestros.

La primera nganga colectiva fue fundamentada en una güira y fue en honor al mpungo Ngurufinda, dueño de la vegetación que a su vez, por tener que ver, con la vida humana, adquiere el título de patrón del género humano.

Una vez que el hombre conquista el fuego, surgen los calderos de barros y estos son usados también como Nganga. Luego, mucho más tarde, cuando el hombre dominaba la aparición y desaparición del fuego; surge la creación de los calderos de hierro de tres patas, también llevados para la fundamentación de las Ngangas.

A este último, además de las funciones domésticas, para la cual servía para aislarlo de esas funciones, se le añadieron tres patas en posición triangular, formando la insignia de la magia de la creación humana. Este caldero de tres patas, fue usado por todas las ramas del Palo Monte, menos los mayombe que solamente se aferraron a la güira que representa a la bóveda celeste, los mayombe a través del tiempo, han hecho ciertos cambios en sus Ngangas.

Las patas de los calderos corresponden a los tres Reyes Magos Africanos.

La primera pata del caldero representa al mundo celestial y en la lengua de los congos, se le dio el nombre de Yesi Bozitan Losi, que pertenece al Rey Mago Bamba.

La segunda pata representa al mundo terrestre y su nombre es Yole Lelendo, pertenece al Rey Diangola.

La tercera pata representa al mundo subterráneo, su nombre es Itatu Mbara Zina pertenece al Rey Mago Kirokoto.

Las Ngangas Nkisi Malongo están representadas por los Reyes Magos Africanos y los Siete Poderes de los congos (Isubuare Mpungos Congos) y éstos son:

1. **Muzundi**
2. **Nemalva**
3. **Luango**
4. **Makaka**
5. **Congo Riat**
6. **Carabali**
7. **Bun boma.**

De ésta última potencia fue donde nacieron las siete primeras brujas maléficas del territorio de los congos.

FUNDAMENTO

En Cuba bautizaron a las ngangas con el nombre de fundamento, así como a todos los objetos de culto directo a los que se les incorpora un mpungo o nfumbe.

NFUMBE NGANGA

Nfumbe Nganga: es el espíritu materializado en quien se apoya la religión Palo Monte. Los nfumbe son obras de lo divino, la fuerza de estos animan la vida de los adeptos, los auxilian porque están llenos de bendiciones y luz celestial que les permiten intervenir entre los mpungos y los seres humanos.

REGLAS DEL PALO MONTE

La santa inquisición fue y será siempre el primer enemigo de las religiones de orígen africano. Fueron muchos los crímenes cometidos enarbolando la Fé de la Iglesia Católica, que aún hoy la humanidad recuerda con horror. Las religiones africanas tuvieron que permanecer por tiempos indefinidos a escondidas de dicha iglesia, las diásporas de la fe católica en contra de las religiones africanas que actualmente se efectúan en todo el mundo y no dejan de atacar nuestras religiones; esta es la principal razón por la cual no podemos exigir el bautizo a nuestros adeptos.

Quiero hacer esta salvedad porque mi obra, es un homenaje para mostrar al hombre en cualquier lugar del mundo, la grandeza y a la vez la sencillez de una religión, que se ha pretendido mancillar y catalogar equivocadamente de diabólica por algunos.

Para que la tradición se mantenga en un buen estado se necesitan las reglas que deben pasar de generación en generación, para que no se pierdan sus principios que son la base de su existencia.

REGLAS

1. En el Palo Monte a los que se van a iniciar no se les exige el bautizo de la Iglesia Católica.
2. Todo aquel que se va a iniciar, debe dormir al pie de la nganga en que se va a consagrar, de no hacerse este paso no es considerado hijo del Palo Monte por los antepasados y los mpungos del Palo Monte.

3. Los que se van a iniciar, deben estar tres días antes de la ceremonia sin tener relaciones sexuales.

4. Es una profanación de primer grado permitir que personas que no estén consagradas en el Palo Monte, participen de la ocasión en que se le está haciendo cualquier tipo de sacrificio a las ngangas porque se pierde de alguna manera el principio de lo secreto que es lo que resguarda la continuidad y el hermetismo creado por los antepasados.

5. Los animales que se sacrifican en las iniciaciones no se botan porque se les está botando la suerte a toda la familia de esa nganga, estos se deben comer en ceremonia; los iniciados si no comen de estos animales, no son reconocidos por los mpungos y ancestros del Palo Monte como hijos de las ngangas.

6. En los munanzos - congos (casa), donde habita una nganga no puede haber crucifijo.

7. En los munanzos congos no pueden haber imágenes de otras religiones.

8. En los munanzos congos no se pueden hacer misas espirituales, ni ninguna actividad que pertenezca a alguna otra religión.

9. En los munanzos congos no pueden transpasar las oraciones ni los libros espirituales.

10. Las Reglas del Palo Monte no apoyan las relaciones ilegítimas.

11. Las Reglas del Palo Monte no permiten que los hijos de las ngangas roben.

12. Los hijos de las ngangas deben ser buenos hijos y bondadosos con los padres.

13. Los hijos de las ngangas no pueden cometer homicidio, salvo en las guerras justas.

14. Los hijos del Palo Monte no pueden comer en platos montados.

15. Los hijos del Palo Monte no pueden comer cangrejos.

16. Los hijos del Palo Monte no pueden atravesar cañaverales.

17. Los hijos del Palo Monte no cruzan charcos de agua.

18. Los hijos del Palo Monte no cruzan huecos.

19. Los hijos de las ngangas no pueden subirse en los árboles.

20. El agua con que se trabaja en el Palo Monte es sólo con la de pozo.
21. Los palos que se usan para las fundamentaciones sólo se pueden cortar en el tiempo de la cuaresma.
22. La religión del Palo Monte no guarda luto.
23. La llegada de la Semana Santa no frena la continuidad de las actividades cotidianas del Palo Monte.
24. En las consagraciones de Tata no pueden faltar la presencia de tres Tata Nkisi Malongo.
25. En el Palo Monte no se trabaja con:

a) Pescado ahumado.
b) Manteca de cacao.
c) Alcanfor.
d) Ruda.
e) Aceites.
f) Perfumes.
g) Incienso.
h) Caracoles de cintura.
i) Cascabeles.
j) Añil
k) Precipitados
l) Flores

26. Cuando vamos a consagrar a un Tata, antes lo tenemos que llevar a:

a) El cementerio y presentarlo al mundo de los muertos.
b) Mar.
c) Monte.
d) Río.
e) Cueva.
f) Ceiba.
g) Palma.
h) Loma.
i) Encrucijada.

j) Pozo.
k) 12 del día con el sol a la vista.
l) 12 de la noche con la luna afuera.
m) A todas las ngangas cercanas familia de su nganga.

27. Los Tatas Nkisi Malongo que tengan su propio Nzo Nganga no pueden rayar a:

a) Sus Padres.
b) Hijos.
c) Hermanos.
d) Abuelos.
e) Tíos.
f) Esposa.
g) Primos.

28. En las fundamentaciones no puede faltar la presencia de siete Tatas Nkisi Malongo.
29. En Las Reglas de Palo Monte las mujeres no pueden fundamentar nganga, ni pueden hacer ningún tipo de fundamentación.
30. Cuando la mujer hereda alguna nganga su esposo no puede tener ningun tipo de vínculo con esa nganga.
31. Las mujeres en su período menstrual no se pueden acercar a las ngangas.
32. Las mujeres no pueden servir de madrinas de espalda en las consagraciones.
33. Las mujeres no pueden sacrificar animales en esta religión.
34. Las mujeres no pueden (rayar) consagrar.
35. Las ngangas no admiten que las mujeres les soplen licores.
36. La presencia de la mujer en las iniciaciones tiene la función de sujetar la cruz de cedro, es de carácter obligatorio cuando en el munanzo no existe nganga hembra.
37. La presencia de la mujer en las fundamentaciones pasa de figura decorativa a ser de carácter obligatorio ante los ojos de los dioses.

38. Las mujeres no pueden cocinar las vísceras de los animales sacrificados y mucho menos ofrendárselas a los mpungos.

Éstas son algunas de las reglas oficiales del Palo Monte para que de alguna manera se cumplan los principios heredados de los antepasados que hicieron posible su desarrollo en el Nuevo Mundo.

¿QUÉ ES EL RAYAMIENTO?

Es el ritual más antiguo de las iniciaciones de las religiones africanas. El rayamiento define la inscripción del neófito en el mundo de los muertos, que es la base de nuestra religión de origen congo. Es una muerte simbólica donde el iniciado y sus guías protectoras se reúnen con el pasado y sus antepasados. En la antigüedad tribus y aldeas completas en el África, cumplían este ritual, conocido con diferentes nombres pero con los mismos fines. El rayamiento, es el lazo que une al iniciado definitivamente a la religión, este se beneficiara al recibir a través de los espíritus, una sobreprotección que lo acompañará por el resto de su vida. Actualmente existe una gran diferencia entre el rayamiento de los cubanos donde está excluído el salvajismo y el de los africanos, en el que persisten estas prácticas en sus ceremonias.

Existen diferentes tipos de rayamiento y todos cumplen distintos objetivos, los cuales son tatuados a través de sajaduras que produce el pérfilo cortante cuando se le introduce en la piel al neófito. El primer tipo de rayamiento se llama (Nkisi) hijo de ganga, éste se realiza por diferentes motivos, uno de ellas es por salud, se le hace el rayamiento para ayudarlo a sobreponerse a una enfermedad, otra razón por la cual se hace ésta ceremonia, es que en el destino de la persona venga marcado que tiene que cumplir con éste, para poder realizarse en la vida. En muchos de los casos en que se realiza esta ceremonia es para salvarlo de algún mal que los persigue y que a través de este son despojados y librados de ese mal. La razón más importante de todas en mi opinión es que en la población cubana, existen un numero cada vez más creciente de admiradores del Palo Monte y se inician en esta religión buscando un camino de fé, desenvolvimiento y protección, guiados por la experiencia de otros seguidores lo cual permite que se mantenga ésta tradición desde hace casi cinco siglos. Por este ritual que se realiza con los ojos vendados, pueden pasar todas las personas que cumplan los requisitos exigidos por el yimbe y los mpungos.

Otro de los tipos de rayamiento es el (Nkisi Malongo), Sacerdote Mayor de la religión; éste se realiza si en el destino del nkisi viene marcado este paso, llevándolo a un escalón superior dentro de la hermandad, el cual le otorga poderes para desarrollar su propio camino. Sólo puede realizarse cuando transcurre al menos un año de su consagración inicial. También se realiza a los escogidos para ocupar oficios dentro de un munanzo (bakofula, mayordomo, manzanero), así como a las madres nkisi. En estos casos no se utiliza vendaje y lleva un costo mayor tanto monetario como de los productos requeridos.

La iniciación en esta religión es una escritura que nada ni nadie jamás podrá borrar.

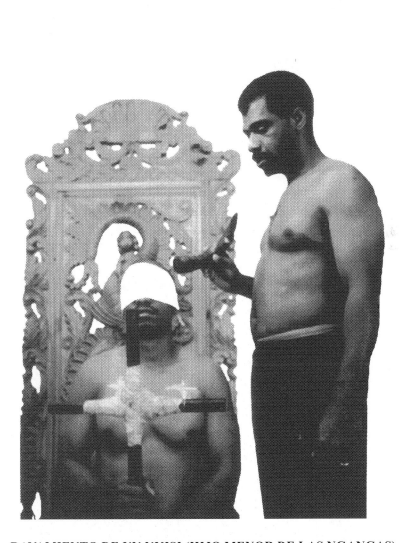

RAYAMIENTO DE UN NKISI (HIJO MENOR DE LAS NGANGAS)
Esta ceremonia de iniciación obligatoriamente se realiza
con los ojos vendados.

LAS SIMBOLOGIAS

El poder de las simbologías transpasan la imaginación de los mortales, porque éstas pueden transportar y cambiar de pronto las cosas y a esto le llamamos metamorfosis, algo que ocurre en el plano terrenal y no detectamos. Las simbologías en algunos aspectos transfieren al más allá las situaciones existentes en el diario acontecer de los adeptos.

En otras variantes las simbologías son pactos herméticos y sagrados que contienen un lenguaje gráfico, propio de los misterios divinos, que proveen una comunicación con los adeptos con la finalidad de ampliar los contactos de los que están arriba con los de abajo.

Son innumerables las simbologías con que se trabajan en el Palo Monte, todas expresan algo relacionado con la existencia y la convivencia de esta religión, que es guiada por lo sobrenatural y los ancestros, en un mundo magnético e invisible, capaces de actuar en fracciones de segundos.

Los resultados de los trabajos del Palo Monte dependen en su totalidad de la aplicación correcta de las simbologías apoyadas por las oraciones.

LOS SIMBOLOS

Estos en su verdadera escencia estan cargados de efectividad y dinamismo que representan mucho más que in signo.

Los símbolos usados en el Palo Monte constituyen una guía hermética de las leyes ancestrales en su dimensión.

Símbolo maximo del destino de los hombres de la renovación periódica de la naturaleza y de los misterios de la vida.

Cruz

Símbolo máximo de la vida eterna de los espirítus, la fecundidad, la multiplicación, las esperanzas y las riquezas.

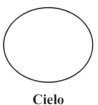

Cielo

SIMBOLOGIA QUE REPRESENTA EL
CONTINENTE AFRICANO

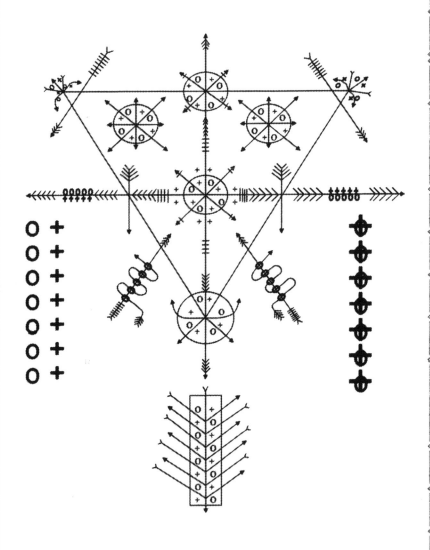

SIMBOLOGIA QUE REPRESENTA AL MPUNGO BUNTUN

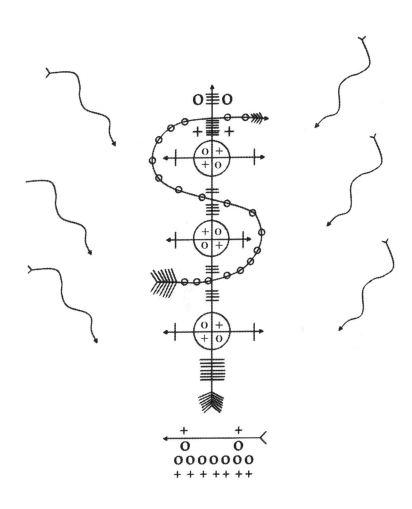

SIMBOLOGIA DEL ASIENTO DE EL MPUNGO BUNTUN

AMA MFINDA

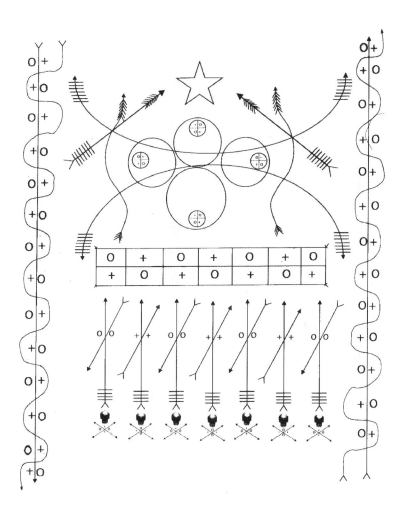

Pacto de la alianza del mpungo Ngurufinda con los siete mpungos del Palo Monte

SIMBOLOGIA QUE REPRESENTA AL MPUNGO KOBALLENDE

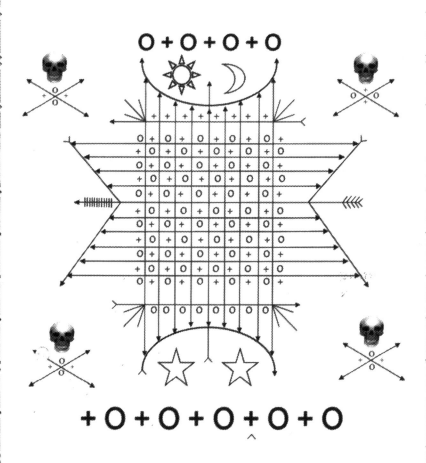

SIMBOLIGIA DEL ASIENTO DEL MPUNGO KOBALLENDE

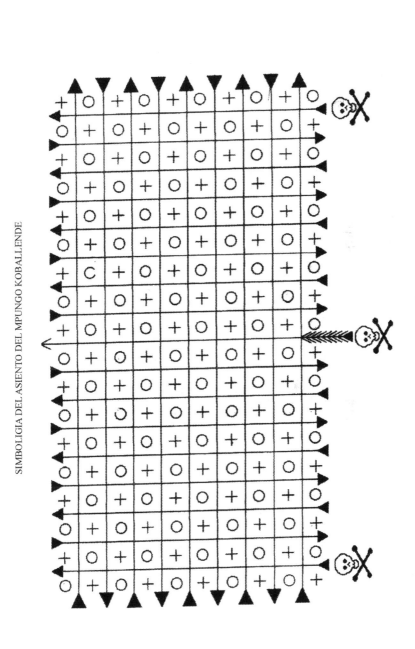

SIMBOLOGIA QUE REPRESENTA AL MPUNGO NKENGUE

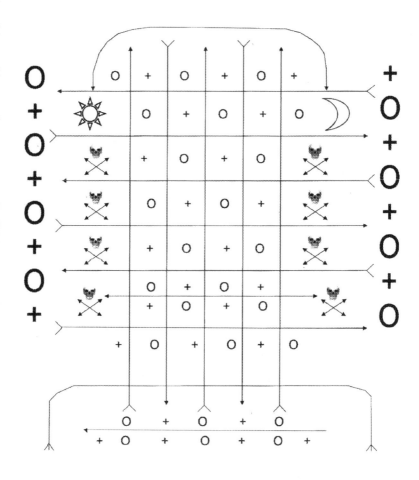

SIMBOLOGIA DEL ASIENTO DEL MPUNGO NKENGUE

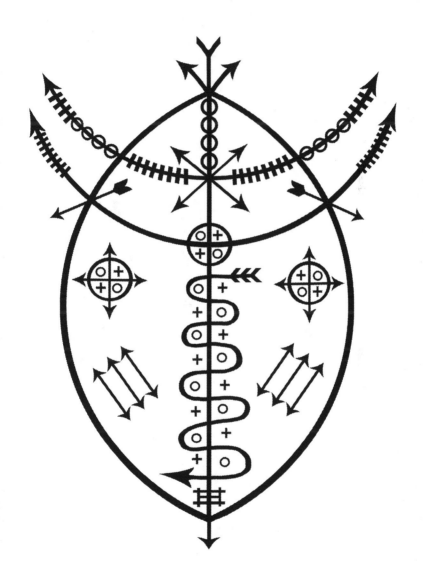

SIMBOLOGIA QUE REPRESENTA AL MPUNGO SHOLA

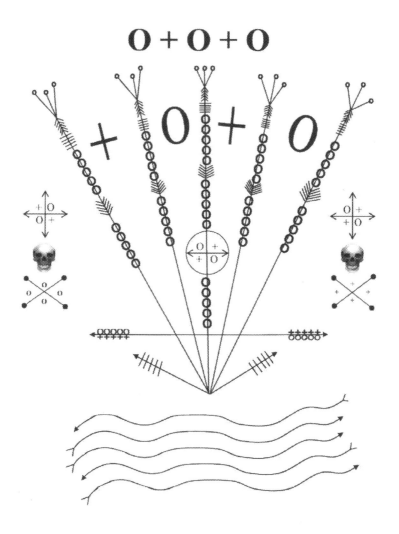

SIMBOLOGIA DEL ASIENTO DEL MPUNGO SHOLA

SIMBOLOGIA QUE REPRESENTA A LOS MPUNGOS NTALA Y NZAMBA

SIMBOLOGIA DEL ASIENTO DEL MPUNGO SHOLA

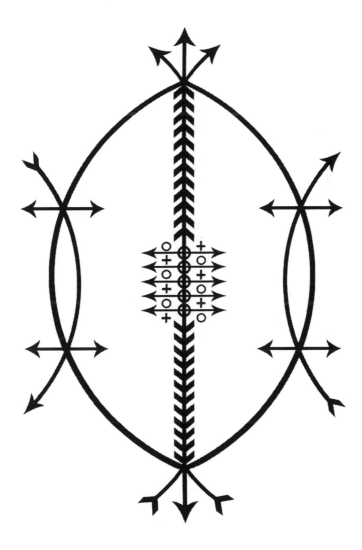

SIMBOLOGIA QUE REPRESENTA AL MPUNGO NZASI

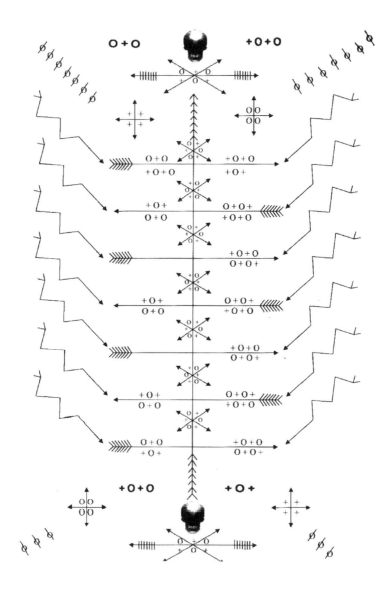

SIMBOLOGIA DEL ASIENTO DEL MPUNGO NZASI

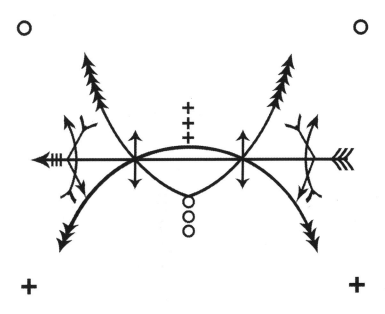

SIMBOLOGIA QUE REPRESENTA AL MPUNGO
IYAM DOKI

SIMBOLOGIA DEL ASIENTO DE IYAM DOKI

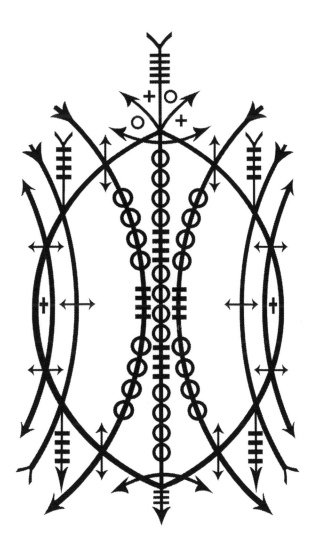

SIMBOLOGIA QUE REPRESENTA AL MPUNGO ZARABANDA

O + O + O + O

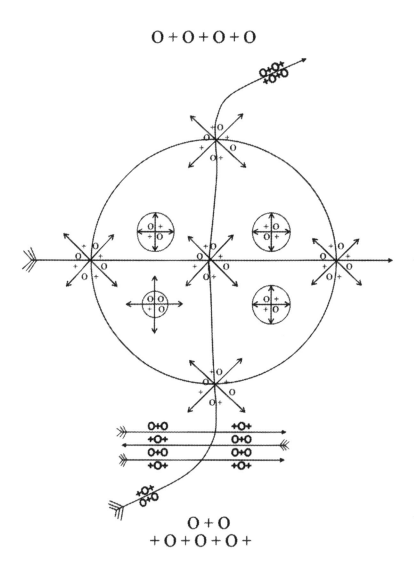

O + O
+ O + O + O +

SIMBOLOGIA DEL ASIENTO DE ZARABANDA

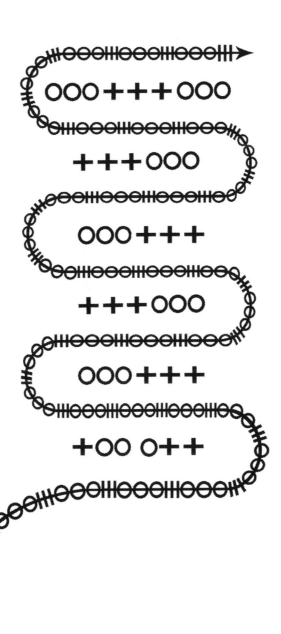

SIMBOLOGIA QUE REPRESENTA AL MPUNGO NTALA Y NZAMBA

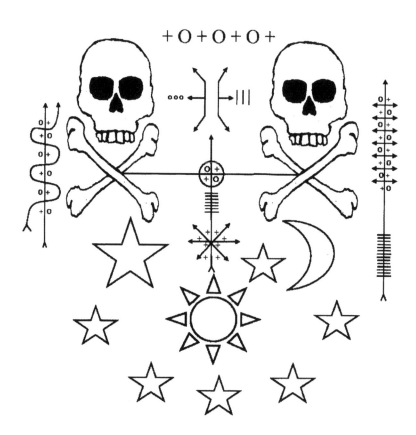

SIMBOLOGIA DEL ASIENTO DE NTALA Y NZAMBA

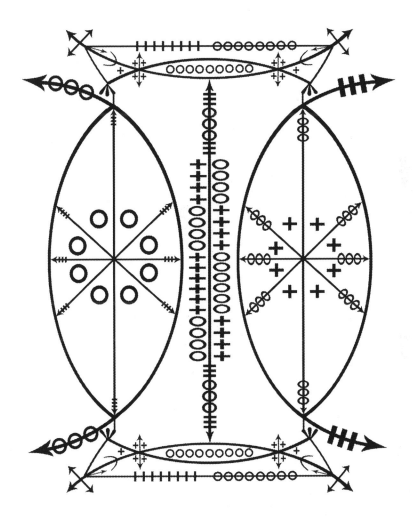

SIMBOLOGIA QUE REPRESENTA AL MPUNGO NKULLO

O + O + O + O + O + O + O + O + O + O + O

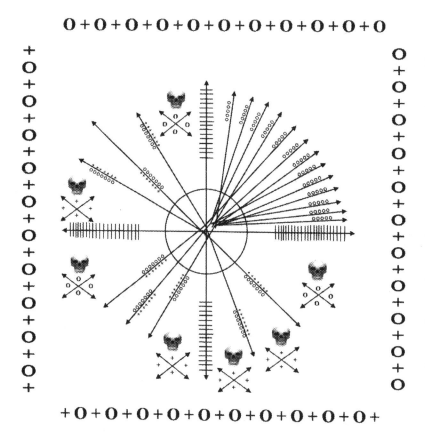

+ O + O + O + O + O + O + O + O + O + O +

SIMBOLOGIA DEL ASIENTO DE EL MPUNGO NKULLO

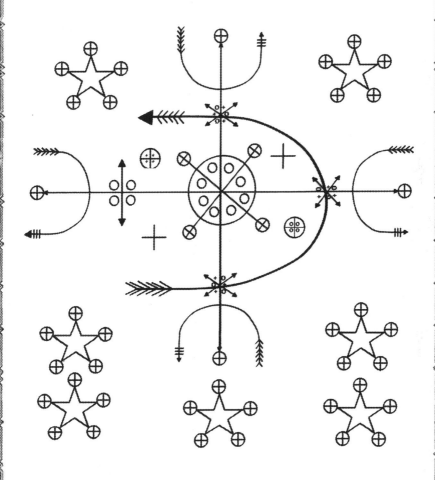

KITIBA

O + O + O + O + O

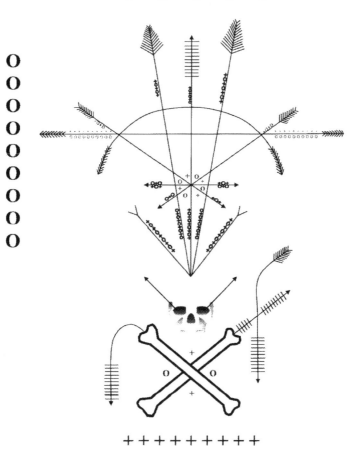

Simbología que representa a la santa muerte

KIMBAMBULA

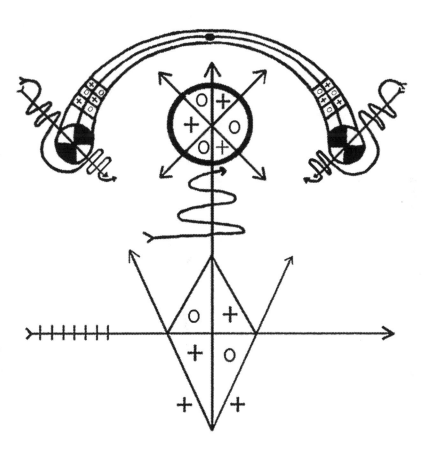

Simbología para la comida que se les ofrenda a los antepasados

LOS SIMBOLOS DE LAS INICIACIONES

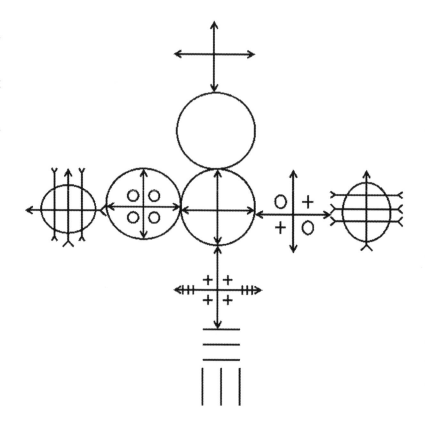

Existen muchos tipos de simbolos de las iniciaciones en el Palo Monte, con distintos fines, y tienen carácter reglamentario siendo obligatorio, quedando sus huellas como constancia de estar inscritos en el mundo de los muertos. Los simbolos de las iniciaciones se tatuan con objetos cortantes que marcan de por vida el lazo que une al iniciado con los muertos y el pasado. Estos simbolos poseen fuerzas sobrenaturales capaces de cambiar el destino en favor del iniciado.

LOS CUATRO VIENTOS

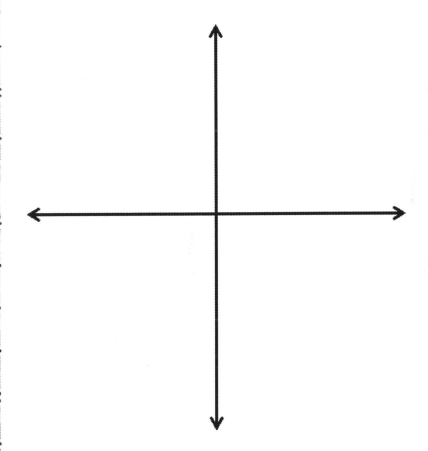

Es uno de los simbolos de las iniciaciones, que representan tambien a los cuatro puntos cardinales en el Palo Monte. Este simbolo es el principal en todas las ramas. Los cuatro vientos son el emblema que identifica a la rama Brillumba, que cruza las dos flechas y estas en esa posición dominan a los espirítus.

LUMBE

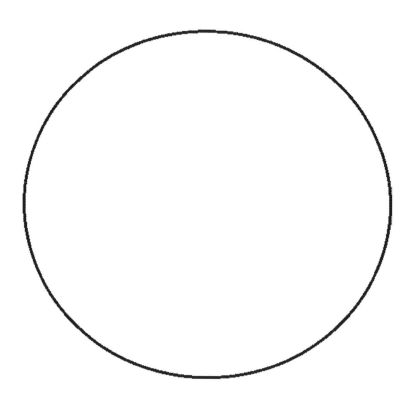

Signo de las iniciaciones que representan al cielo y a la
rama Mayombe

MPANGUI

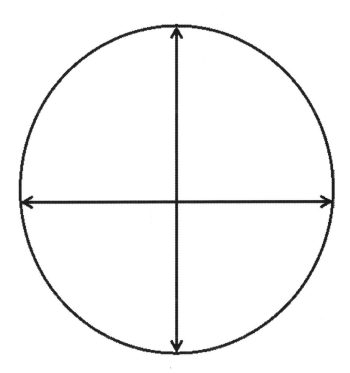

Brillumba con Mayombe, este emblema esta simbolizado por dos flechas cruzadas dentro de un circulo. Es el pacto de alianza hecho por estas dos ramas y forma parte de todo tipo de iniciación en el Palo Monte.

KISI

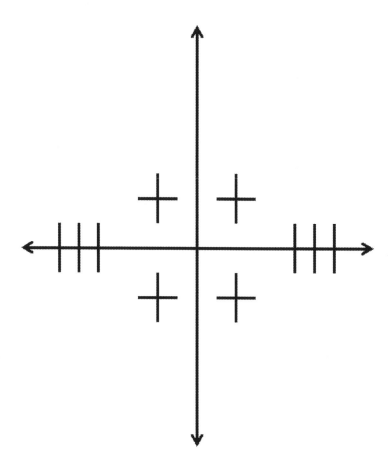

Es el simbolo de las iniciaciones de los hijos menores de brillumba

NKISI

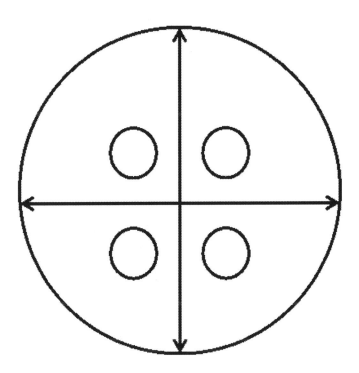

Es el simbolo de los Mayombe congo para las iniciaciones
de los hijos

NKISI MALONGO

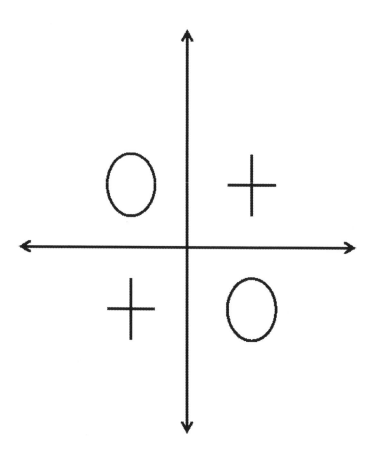

Es el simbolo que representa la confirmación de la transferencia de hijo a padre, en todas las ramas

MPUNGO KUNA LLANDA

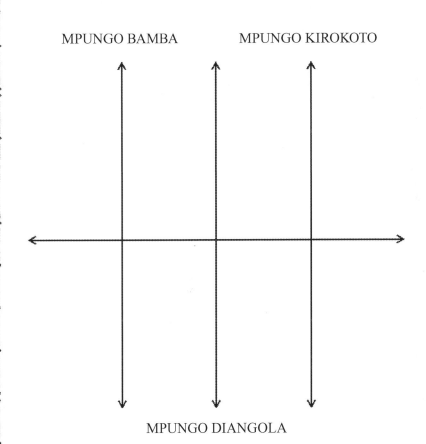

MPUNGO BAMBA   MPUNGO KIROKOTO

MPUNGO DIANGOLA

Itatu lemba, las tres cruces unificadas, simbolos
que representan a los antiguos Reyes Magos congos

MALONGO NENE

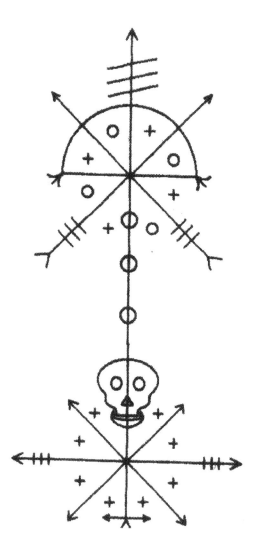

Simbología de la iniciación de los hijos mayores, este se traza
en la espalda antes del baño de purificación con yeso blanco

KALUMBE

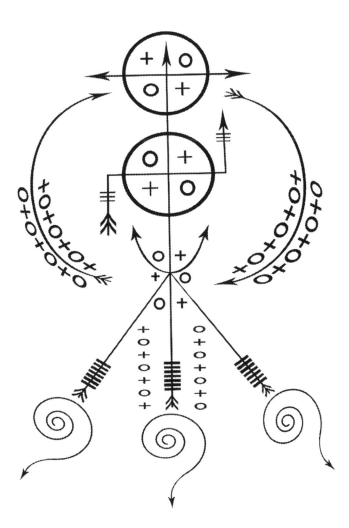

Simbología de la iniciación de los hijos segundos, este se les hace en la espalda despues del baño de la purificación con yeso blanco

PONDE CONGO

Son las tres rayas verticales signos que se tatuan a la izquierda
y la derecha del pecho del nkisi, estas rayas pertenecen a
la rama Brillumba congo

MAMBI

Son las tres rayas horizontales, signos que se tatuan con la navaja
en la frente del nkisi, estas rayas significan el principio y
el origen de la rama en que se esta iniciando, en este caso
pertenecen a la rama Mayombe

MPUNGO NZAMBE

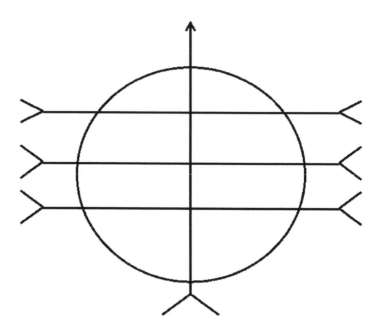

Este signo simboliza al hijo mayor y al cielo

MPUNGO NANI

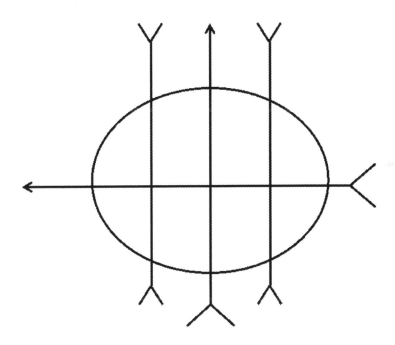

Este signo representa al hijo menor y a la tierra

DENDE KALUNGA

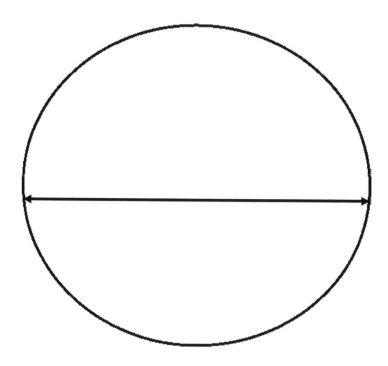

Este signo representa al agua

MUANA NKISI MALONGO

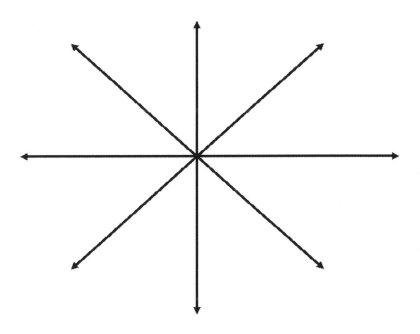

Este signo representa a los vientos

MUANA NKISI

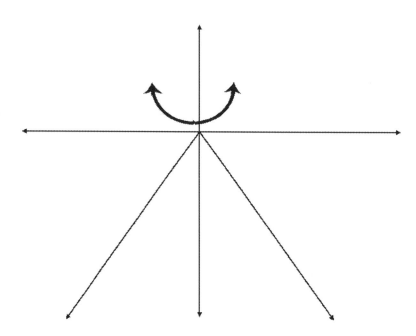

Este signo representa al fuego

MALONGO

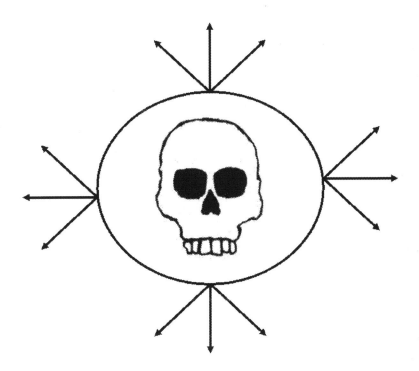

Este es el signo que representa a los espiritus, el cielo,
la tierra y el final de todo

CARAZOLDA

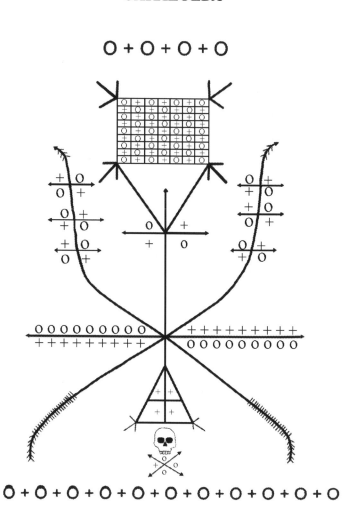

Simbología que autoriza a un nkisi que funciones como un
tata en situaciones extremas

NDILE

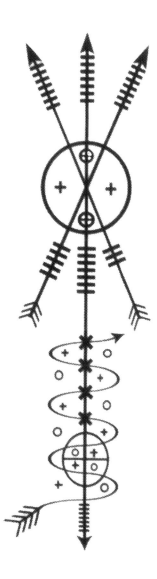

Simbología que anuncia el nacimiento de los nkisi

EMBLEMA DEL MAYOMBE

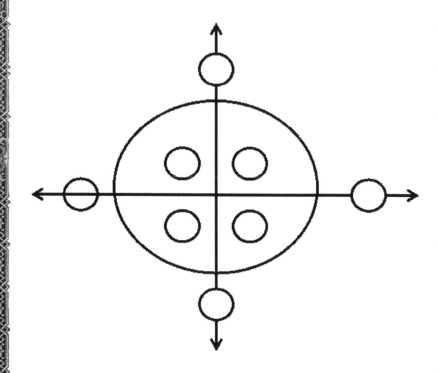

EMBLEMA DE BRILLUMBA

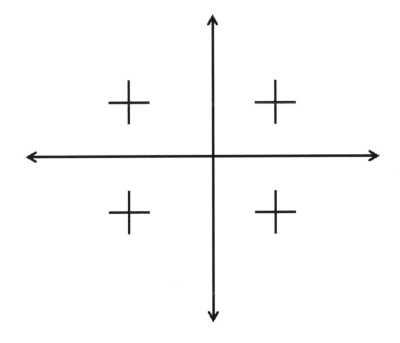

EMBLEMA DE LOS HIJOS MAYORES DE MAYOMBE

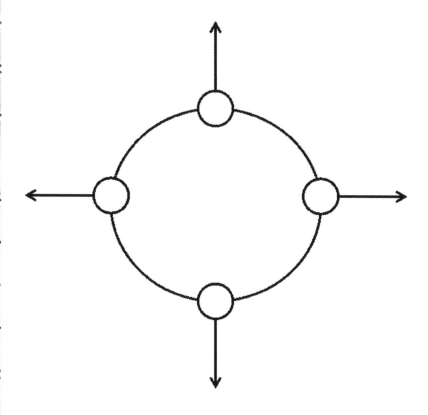

EMBLEMA DE LOS HIJOS MAYORES DE BRILLUMBA

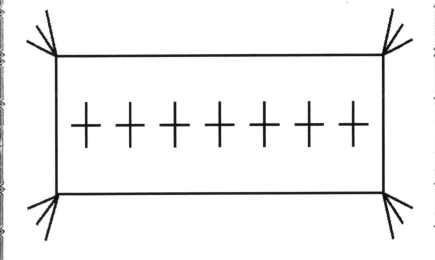

EMBLEMA DE LOS CIELO

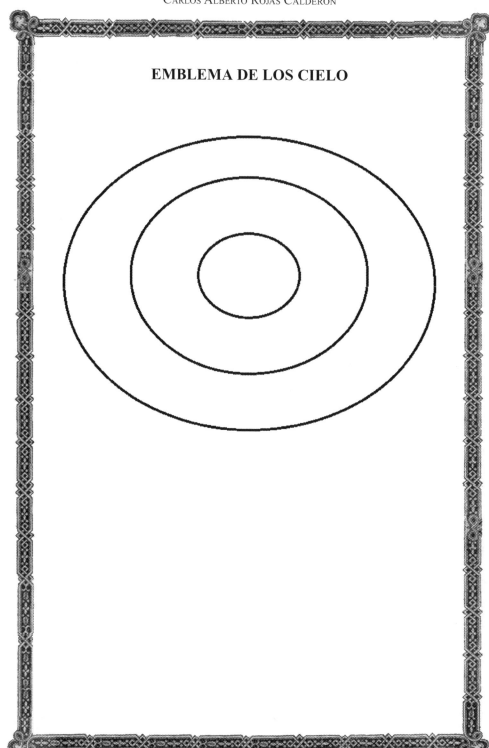

EMBLEMA DE LA TIERRA

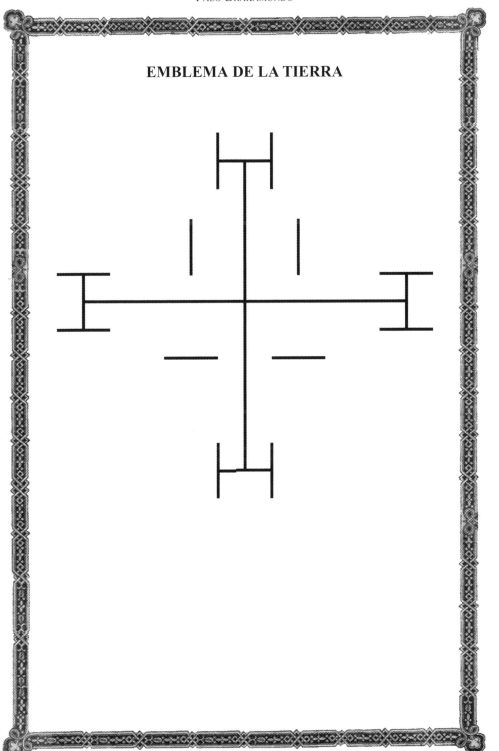

EL CAMINO DE LOS BRUJOS: UNA EXPERIENCIA ÚNICA EN NUESTRAS VIDAS

A través del relato de historias verídicas vamos a descubrir el camino de los brujos aunque no lo parezca, este es complejo y simple a la vez, en tanto se haya nacido con ese don natural, facultad que la luz de la divinidad concede a ciertas personas. El brujo nace identificado por el supremo creador, ningún ceremonial es capaz de modificar o cambiar el astral de una persona. Todos venimos a la tierra marcados por nuestro destino, de tal modo que el concepto animista de querer es poder, no es aplicable en este caso y pierde categóricamente todo su valor. El camino de los brujos se revela desde edades tempranas, en sus primeros años de vida aparecen las primeras señales de sus poderes sobrenaturales. Es entonces cuando muestran sus extraordinarias facultades, se anticipan a los hechos y formulan predicciones; su vista poderosa les permite adelantarse a los acontecimientos y dar respuestas inmediatas, pese a su inmadurez sus razonamientos son propios de una persona adulta. La vida de los brujos está cuajada de enigmas y mágicas proyecciones, sustentadas por el velo insondable del mundo divino e inescrutable en que vivimos, a pesar de los escépticos e incrédulos que nos rodean.

La vida está marcada por increíbles misterios que nos hacen viajar miles de años atrás, en nuestros ancestros encontramos historias verídicas, como nuestras propias vidas; los brujos poderosos que se introducen en estas verdades del más allá, nos permiten descubrir hasta las más pequeñas historias ocultas en nuestras mentes, divididas por el pasado y por el presente; que están ahí a nuestro alcance y a veces no las podemos descubrir. Estos misterios del más allá son descubiertos por el poder de los brujos, su camino es intenso, poderoso y en el podemos encontrar la verdad. El mundo que habitamos además está poblado por seres invisibles, irradiados desde distintas dimensiones, imperceptibles para muchos, pero en realidad están al alcance de nosotros. No los vemos, pero están ahí esperando para que se les contacte, para que se les de un rayo de luz y con la ayuda de los brujos podemos viajar a éstas dimensiones.

Para entrar en contacto con esta realidad mística se escogen muchos lugares, como la orilla del mar, las márgenes de un río y en otras ocasiones el cementerio. No todos podemos hacer la magia, en el curso de su vida un brujo se va nutriendo de un gran caudal de conocimientos mágicos, que corriendo el tiempo podrían convertirlo en alguien poderoso, invulnerable. El brujo adquiere el poder mediante el cotidiano manejo de sus facultades místicas, dirigido por los espíritus.

El factor tiempo y espacio es fundamental en el camino de un brujo, teniendo en cuenta que éste debe buscar el momento adecuado para la comunicación con los espíritus, que son los encargados de adiestrarlo. Cuando son reclamados por ellos, en ese preciso momento el lugar escogido debe ser muy tranquilo, como el monte y las praderas que son fundamentales para el contacto del brujo y la búsqueda de estas respuestas, con el poder del universo y con el más allá. En horas de la noche las cuevas también pueden ser un buen sitio para este contacto.

Una aclaración muy importante, a veces se le concede el nombre de brujo a un padre nganga (Tata nkisi) por el sólo hecho de estar consagrado en el Palo Monte y poseer prendas (munanzo nganga), cuando realmente es gangulero. En el continente africano los brujos fueron bautizados con la denominación de Olu Gango, que quiere decir: El mago de los calderos sagrados. Como es mago, con su poder puede ayudar en las más difíciles situaciones. El brujo no hace lo que muchos dicen: provocar miedo, echar fuego u otras mentiras que vienen desde siglos atrás; el camino del brujo está lleno de grandes experiencias, con él las podremos conocer, llegar a los rincones más lejanos y encontrar esas respuestas que tal vez nunca hemos podido hallar, el miedo desaparece a su lado, nos conectamos con seres del más allá y descubrimos senderos inimaginables. Su poder es increíble está al alcance de todos tratando de enseñar mejores rutas para llegar a la verdad.

Hoy en día el poder creado desde siglos atrás, es tan fuerte que, sorprende lo que son capaces de hacer, pueden salvarnos de situaciones que al parecer no tenían solución, pueden encontrar respuestas a problemas sin esperanza y comunicarse de tú a tú con espíritus y con almas perdidas; a veces en un sueño o en un letargo, que no podemos explicar, una vez que liberamos nuestras penas, aliviamos nuestras almas, nos sentimos flotar en una paz inmensa y encontramos respuestas a nuestros problemas y soluciones que podemos dar sin temor a equivocarnos.

La fuerza de los brujos desde su dimensión, puede hacernos ver nuestros sueños hechos realidad; dejemos que su poder nos adentre en ese camino que puede ser nuestra salvación. Quiero hacerles llegar un poco de paz a sus almas, para que el miedo infundado hacia los brujos quede olvidado, para dejar en ridiculo a aquellas personas desconocedoras de sus verdades que difunden mentiras, que están muy lejos de la realidad. Los brujos tienen un poder dado por Dios y con dicho poder pueden hacer cosas maravillosas, dejen que sus verdades entren en sus vidas, en sus corazones, para que puedan entenderlas y puedan ser llevadas por la paz, la tranquilidad, la ilusión de sus historias y de grandes soluciones, que estos seguidores de Dios, con su poder de contactar con el más allá, les puede transmitir sin miedos ni equivocación.

En Cuba la fama de algunos brujos trasciende hasta nuestros dias, en todas las regiones de nuestra isla se difundían historias de boca en boca, sobre los logros de muchos brujos, lo que provocó que se tejieran leyendas a favor y en contra de ellos. Tenemos de ejemplo a Emilio Ofarril y José Oriol Bustamante, quienes en Guanabacoa lograron cimentar durante sus años de dedicación al Palo Monte, una gran popularidad, llegaban a verlos muchos practicantes y adeptos para empaparse de sus conocimientos.

PALO BRAKAMUNDO (Nkunia Mbumbangongoro)

Español

El brujo nace, no se hace.

La nganga es la escuela de los brujos y el muerto su maestro.

Lengua Congo

Muene gangulero zapunto ko men kamatuya.

Nti nganga mun nti sikilinzo ni guio gangulero kiso muene nfuiri nui mpabia.

LOS DIFUNTOS QUE NO DEBEMOS DE OLVIDAR

Mis recuerdos a aquellos inolvidables que fueron protagonistas y testigos del tiempo pasado, a quienes consideramos transmisores de nuestros cultos a las nuevas generaciones y que con amor dedicaron su vida al Palo Monte cubano, religión de origen congo dedicada al servicio de todos.

A: **América Julia Almeida Suárez**
- **Hortasiano Martínez Erriviandures**
- **Segundo Ibáñez**
- **Carmen Ibáñez**
- **Rufino Andriagues**
- **Cheo Prueba Fuerza**
- **Tata Francisco Oliva**
- **Juan O´Farrill**
- **J. S. Baró**
- **Mariete Boisaddé**
- **Daniel Saturnino**
- **José de Calazán**
- **Francisquilla Ibáñez**
- **Mariate Conga**
- **C. Planta Firme**
- **Tata Aldana**
- **Tata Cirilo**
- **Tata Ta José**
- **Juan Yánez**
- **Pipi Chavalier**
- **Armando Palmer**
- **Pa Padre**
- **Tata Sotolongo**

A todos estos ganguleros del siglo pasado mis respetos y Sala Male Kun de Nchila (corazón), sus memorias quedarán vivas para siempre en las vidas de todas las generaciones venideras.

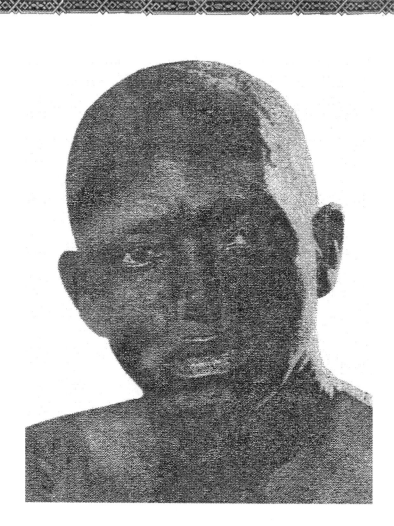

EMILIO OFARRIL Y ESCOTO

Hijo adoptivo de Guanabacoa, nació en el pueblo de Madruga, en La Habana Cuba. Hijo de Juan O´farrill, narrador de cuentos gangás. Emilio se dió a conocer como uno de los más grandes ganguleros, conservador de nuestros cultos de origen africano en la villa de Pepe Antonio, donde fundamentó la famosa nganga Nkita nkunia muana nkita lembé congo cunan banza.

JOSÉ ORIOL BUSTAMANTE

Hijo adoptivo de Guanabacoa, donde se desarrolló y alcanzó la fama de Tata Nkizi Malongo de la religión el Palo Monte. José uno de los grandes brujos de la histórica villa de Pepe Antonio, creó su propio munanzo congo de nombre: Vititi nkita congo baza kan peño lembo cunan banza; en esta rama a pesar de no tenerlo presente, por su desaparición física, crecen nuevos retoños también con fama y dedicación al Palo Monte.

ARCADIO CALVO

Hijo de la villa de Guanabacoa, quien gozó de prestigio en su grey; como brujo desempeñó el cargo de presidente de la sociedad hijos de San Antonio. Arcadio, conservador ejemplar de las reglas de los congos, como lo indica su nombre de origen bantú es auténtico descendiente de africanos; es recordado por la población cubana debido a sus poderes sobrenaturales, que lo convirtieron en una leyenda.

Arcadio Calvo, Tata Tatandi Ndibilongo, fue sin rodeos ni alardes literarios, el brujo más poderoso criado por sus ascendientes y quien con su fama le dió a Guanabacoa el título de La tierra de los brujos potentes; quedando insertados para siempre en la historia cubana.

NGANGA BUEY SUELTO

Esta perteneció a Arcadio Calvo, fundamento cargado mágicamente con fuerza sobrenatural de mano de sus ascendientes. Esta nganga hoy día forma parte de la colección de origen bantú, que compone el acervo fundamental del museo de la villa de Guanabacoa, situada al este de La Habana, Cuba.

BAMBA KURUME

Es el saludo a los antepasados, al pasado y a todo lo que Dios creó, Bamba significa historia de los antepasados y Kurume el principio del Viejo Mundo.

Antes de comenzar los ritos en todo tipo de ceremonia de las religiones de orígen africano, se les pide la bendición a los antepasados y a todos los poderes del cielo y de la tierra, a través de la Bamba Kurume, para recibir la bendición del cielo y de todos los poderes. Además se saludan a los nfumbes conocidos del munanzo para mantener una buena relación con ellos y evitar la aparición de algún espíritu malévolo encarnado que pudiera entorpecer el buen desenvolmiento del ceremonial.

BAMBA KURUME EN LA LENGUA KI CONGO

Ngo munan nzulu mu ba bonda meki menga ntambula kisi kisiako ndoki nyaya muanankele nzambia mpungo wua ziquirimboa fumbe fumbi ndoki nfua kilanga isabuare mpungo kunayanda kunalumbo kunancieto kurumene ndoki zala male kum ntango karili, zala male kum iya lemba, zala male kum toto kaluga nkunia mela kuazitobola zualo katibe akazimbako bum bum longo nani bafiote nyakara kuenda ntoto pomde panga yague ponde bilongo yimbe kizi kiziako tumban ndoki mayi mayimbe mayimbe congo zakan bramunde brazille caravali un congo

MALONGO KISONGA KIA

Es una manifestación animista colectiva convertida en fiesta, dedicada a los antepasados y a las fuerzas vigentes del mundo mágico del Palo Monte o Mayombe Congo.

El malongo es la plataforma de las confirmaciones y a través de este tipo de manifestación los nkisi malongo y los mpungos pactan en relación de la vida de sus protegidos. Las iniciaciones y fundamentaciones que no estén acompañadas de un malongo, no son reconocidas por los poderes del Palo Monte.

El malongo se convierte en el escenario del fenómeno de la posesión a través del trance que es una de las partes más importantes del Palo Monte, la comunicación con el mundo de los muertos y estos son los intermediarios entre los mortales y los poderes del cielo.

El Toque de Palo (Malongo Kisonga Kia) que hoy día conocemos mantiene una estructura como la usada en el África, que requiere del solista acompañado de un coro, característica ésta de toda la música religiosa africana; en específico la música del Palo Monte se compone de estribillos simples repetidos y las letras de los cantos surgen de autores anónimos de las diferentes casas practicantes de esta religión. Los cantos son antifonales, acompañados de diálogos, donde se prueban los conocimientos de los cantantes. Los instrumentos musicales que se emplean en un malongo son tres tambores (ngoma) que sus cueros están sujetos por duelas abarrilladas, éstos tres instrumentos musicales se les conocen con el nombre de salidor, quinto y el tres que son acompañados por una campana (ngunga) la cual dirige los complejos ritmos a seguir.

A través del eco del tambor surge el fenómeno de la asistencia inmediata de los mpungos y nfumbes que bajan desde su dimensión a apoyar y a disfrutar de esta actividad tradicional, dedicada a los antepasados y al pasado.

Los congos decían que no había sábado sin sol, ni domingo sin resplandor, ni nkisi malongo que en su nacimiento le pudiera faltar el malongo; la ausencia del malongo en éstas actividades es considerada como un pecado; que más tarde o más temprano tiene repercusión en la convivencia y el destino de los integrantes de los munanzos que no cumplan con las reglas del Palo Monte. Los tambores en las religiones de origen africano, son como la sangre que corre por nuestros cuerpos, necesaria para la existencia de la vida.

SIMBOLOGIA PARA LA AUTORIZACION DEL MALONGO KISONGA KIA

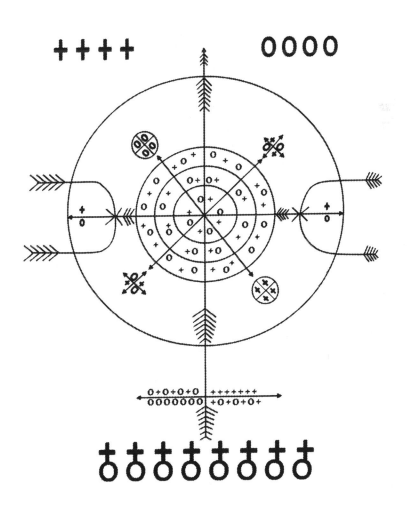

CUATRO PUNTOS CARDINALES

Lengua Congo:

Guio iya muta porombo: sus influencias sobrenaturales repercuten en su totalidad en la vida terrestre. Estos puntos cardinales están simbolizados por Yole Fendinde (dos flechas) cruzadas, las cuales con su poder sobrenatural atraen y dominan a los cuatro tipos de espíritus inferiores que actúan en la tierra y éstos son:

1. Los espíritus de las aguas (Nfumbe kizimbi mamba): provenientes del punto norte, éstos nos dan el sentimiento, que no es más que la función emocional del alma.

2. Los espíritus del aire (Nfumbe kimbundo nkili): provenientes del sur, éstos nos dan el pensamiento, que es la función crítica e intelectual que le corresponde al aire.

3. Los espíritus del fuego (Nfumbe nzasire bukulu): provenientes del este, éstos nos dan la intuición, que es la encargada de buscar nuevas oportunidades y descubrir un nuevo potencial solucionador, en las situaciones exigentes.

4. Los espíritus de la tierra (Nfumbe nganga ntoto) provenientes del oeste, éstos nos dan la percepción y la sensación del cuerpo físico, que por medio de ellos, vemos la vida como un conjunto de problemas prácticos, que se afrontan en el diario acontecer.

La simbología de los cuatro puntos cardinales la rige el mpungo Iyam doki, la guerrera.

Esta realiza todas las funciones acompañada de sus dos inseparables amigos, el mpungo dueño de los rayos y la mpungo dueña de las centellas. Al mpungo Iyam doki se le identifica como un semi que es solamente una cabeza, con dos brazos en aspa.

Al mostrarse en símbolos los cuatro vientos se unen los dos misterios fundamentales del Mayombe que son las fuerzas celestiales y la naturaleza, que en la mitología de los congos es un pacto, que une a las ramas Brillumba y Mayombe. Cuando vemos en las simbologías que existen en el Mayombe, la presencia de la cruz está mostrando la rama de los Brillumba, cuando vemos la circunsferencia, se está enfocado al Mayombe.

La cruz dentro de la circunsferencia es la simbología que permite que se realicen las magias en el Palo Monte. La cruz dentro de la circunsferencia dividiéndola en cuatro partes, que en su interior tiene cruces y ceros significa el pacto, entre las dos ramas principales del Palo Monte: la rama Brillumba y la rama Mayombe.

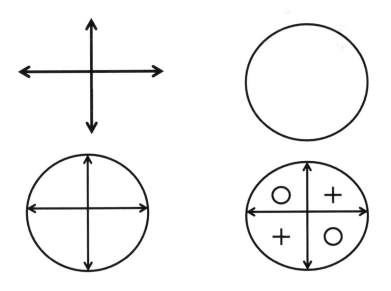

NOMBRE DE LOS CUATRO PUNTOS CARDINALES:

1. **KIZIMBI (Norte)**
2. **KIMBUNDO (Sur)**
3. **BUKULU (Este)**
4. **NGANGA (Oeste)**

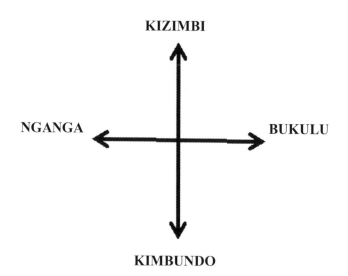

KIZIMBI

NGANGA   **BUKULU**

KIMBUNDO

LA CRUZ

En el Palo Monte, la cruz (Lembala) es utilizada para representar al Dios supremo de los cielos. Desde el principio de los tiempos, en el antiguo Reino Congo, la cruz divina fue acogida como el amuleto más sagrado de uso colectivo, se consideraba que era la única forma posible acompañada de la fé donde los seres humanos podían tener un acercamiento simbólico con Dios (Zambia); su aparición fisica y tangible siempre ha sido una incógnita invisible aclamada por todos.

En los rituales del Palo Monte, la cruz fabricada de cedro con su respectiva carga mágica y secreta en su centro, es un objeto de culto directo e imprescindible para el desarrollo de la alta magia del Palo Monte. Tiene que estar presente cuando se realizan las iniciaciones llevada por la yaya nkisi, como fiel testigo.

ORACIÓN A SAMBIA (DIOS) EN KI – CONGO

El idioma más importante con que se comunicaban en el
Antiguo Reino Congo

Sambia gualuki kiso mun nfuanbata
Nun ku nsi ku moni yakoto
Nun ku nsi ku moni manbo
Kawuanko watuka fuame mene
Nsila imose
Npangui mi guio npanguila nguei nfia
Nusi yesi

Español

Dios sabe y es justo
Es a tí a quien adoramos
Es a tí a quien imploramos
Ayudános, dirigénos por el camino correcto
Señor de los mundos
Tú eres el único

**EL PRIMER SANTUARIO DE LOS CONGOS FUE LA
MATA DE CEIBA
NGURUFINDA NGANGA NKUNIA NARIBE**

NKUNIA NARIBE

Es el nombre de la Ceiba, madre de todos los árboles, llena de virtudes y rodeada de los más grandes misterios de la vida, según la mitología africana la Ceiba es la casa de los espíritus libertos, fantasmas y ngangas. Todas las religiones de origen africano están estrechamente ligadas con este árbol.

La corteza, tanto como las ramas y las hojas tienen propiedades curativas y mágicas, las hojas secas se queman sobre el carbón y el aroma que produce atrae a los espíritus buenos para que desenvuelvan los hogares y también se les pasa por el cuerpo a los mediums para que pasen por su cabeza a los seres guías que aún no han logrado hacer posible este fenómeno, que de alguna manera, necesitan este paso en sus vidas. La corteza de la ceiba reducida en polvo y ligada con las cortezas de álamo y laurel es uno de los alimentos principales de las ngangas, estos polvos convierten a las ngangas en poderosas y mágicas. La raíz de la ceiba, ligada con las raíces de caisimón y maravilla hacen el milagro de desaparecer la infertilidad en la mujer que tenga este problema y que esté consagrada en el Palo Monte.

En el Palo Monte, todos los que se van a iniciar como nkisi ó a consagrarse como Padre o Madre, deben ser presentados ante la Ceiba. Todas las fundamentaciones de las ngangas en el Palo Monte tienen que pasar por la Ceiba, para que reciban su bendición.

Los mpungo dueños de la Ceiba son Shola, Sazitina Motuto y Zambia Ntori. En las provincias orientales de Cuba, la mata de Ceiba se le conoce con el nombre de Pikinako Ofuma Ndoki.

SIMBOLOGIA DE LAS INICIACIONES EN LA CEIBA

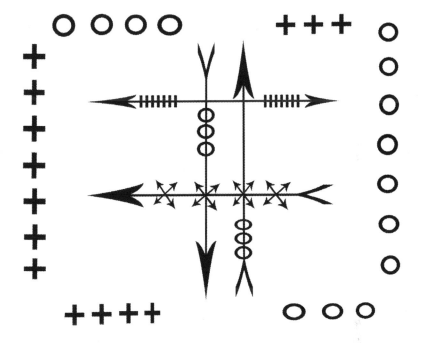

SEÑAL DE FIESTA, SIMBOLO DE LA CEIBA

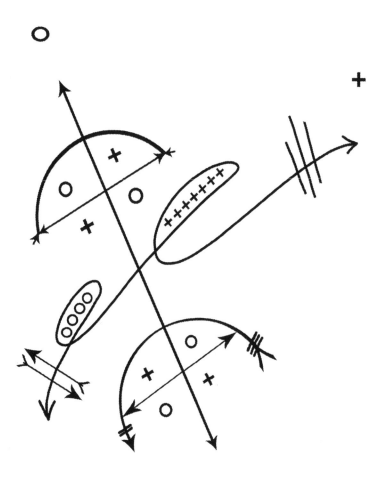

LA LUNA

En la religión de Palo Monte La Luna es considerada la madrina, de élla depende la efectividad de la magia que hacen los sacerdotes, La Luna emana fuertes vibraciones que influyen en la vida terrestre, los efectos lunares tienen gran repercusión en los resultados de todos los pasos mágicos que lleva la religión de los muertos.

La Luna tiene cuatro fases:

1. Luna Nueva
2. Cuarto Creciente
3. Luna Llena
4. Cuarto Menguante

La Luna cada 28 días aproximadamente repite sus fases. Cada una de ésta muestra la manera en que debemos resolver los problemas del diario acontecer. La posición de La Luna muestra los hábitos y las preferencias de los mortales.

La Luna Creciente se inicia en la Luna Nueva y termina en la Luna Llena. La Luna Nueva sincroniza los ciclos lunares, determinando los puntos sensitivos, éstos puntos canalizan los efectos buenos y malos, que constituyen las polaridades positivas y negativas, igualmente existe un punto medio de conciliación en el estado neutro que marca la misma fase lunar. La Luna en Menguante se inicia con la Luna Llena, y es la que esperan ansiosamente los brujos y termina en la Luna Nueva.

Los efectos lunares ayuda a los nkisi malongo a efectuar trabajos mágicos positivos que sirven para superar los problemas cotidianos de sus protegidos, bien sean amorosos, de negocios, salud, etc. Todos los efectos lunares, nos hacen ver a La Luna, como nuestra madrina y sobreprotectora.

El Sol nos regala la vida y La Luna nos protege de los rayos solares, para que no nos afecten directamente en todo momento; además favorece la parte emocional de las mujeres y les estimula el instinto maternal. La Luna ayuda a vientos, el subir y bajar de las mareas y constituye el factor de mayor inducción que los seres humanos pueden soportar.

Los negros congos que fueron esclavizados en Cuba, eran grandes conocedores de los misterios de la luna y en todo mezclaban sus conocimientos con sus creencias en búsqueda de subsistencia y supervivencia. Son indiscutibles sus poderes y éstos son aprovechados en la magia negra. En la lengua de los congos el nombre de La Luna es (Iya Lemba) Madre Luna. Todas las consagraciones en el Palo Monte se deben hacer con la puesta de La Luna. para los negros congos es todo, nos da, nos quita, nos mantiene y nos protege, es la representación de la vida y de la muerte.

En la actualidad, algunas familias cuando nace un niño y sus padres tienen tendencias religiosas afro, al cumplir los cuarenta días de nacido, exponen a la criatura a La Luna, para que reciba bendiciones del cielo, en ese primer día, lo sacan a la calle. En la medicina popular tradicional, se aprovechan las fases lunares, para una efectiva cura de las enfermedades misteriosas que existen en la vida de los seres humanos.

ORACION DE LOS CONGOS REALES A LA LUNA

Muana ei iza nzulo ba ponde ntoto congo sindon lembala iya lemba llalli mpungo llalli nkisi malongo kueta ngonda mpungo ntoto tawueni ntanbula kisi kisiako tumba ndoke tumbi roña tumbi sua ba kuenda sualo kuarilla congo a mazimene panguiame.

SIMBOLOGIA PARA TRABAJAR CON LA LUNA
EN SUS DOS FASES

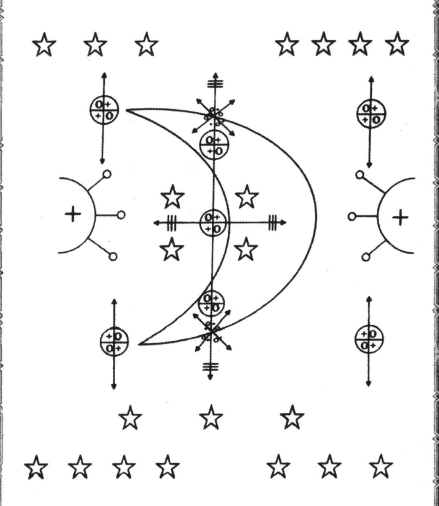

CHEKUNFUA

Es el ritual fúnebre conocido por llanto, que se realiza ante las ngangas como espedida cuando pierde la vida algún hijo del Palo Monte. En esta ceremonia participan todos los nkisi malongo exclusivamente; cada ritual va acompañado del sonido de los tambores y los cantos. Mientras dure, se utiliza un instrumento conocido como quinfuiti, su función es agitar el aire que agudiza la voz del más allá ante el llamado de la muerte.

El objetivo del llanto es abrir la puerta al mundo de los muertos a quien fallece, para que sea recibido por los antepasados, permitiendo que al separarse el espíritu del cuerpo esté en conformidad y se sienta iluminado. La materia descansa en paz y el espíritu sale en busca de nuevos horizontes. La vida y la muerte marchan juntas, el sonido del quinfuiti es el gemir del más allá, que acompaña el sentimiento de los mortales en dicha ceremonia.

Todas las religiones de orígen africano tienen sus ceremonias de vida y muerte. En el caso específico del Palo Monte, con el rayamiento y después el chekunfuá, que es la ceremonia de la desaparición física y el comienzo de la vida eterna, se juran la vida y la muerte. A partir de la despedida ceremonial de un nkisi, la nganga cuenta con un nuevo guardián (guardiero). Es imprescindible realizar dicha ceremonia a los hijos del Palo Monte cuando fallecen; de no realizarse este ritual, todos los que estaban enlazados con el difunto empiezan a sentir los efectos del mal producido por los demonios. El espíritu no descansa ni deja descansar a quienes están unidos por el lazo de la religión que profesaban en vida, se empiezan a sentir los efectos de las desgracias, porque no se termina lo que se empezó.

En el mundo del Palo Monte, pagan justos por pecadores y para evitar estos fenómenos, los hijos de las ngangas deben ser fieles veladores de sus mandamientos; en caso que no existiera el yimbe, ni la nganga donde fue consagrado, se tendría que recurrir a un mayor de esta religión para efectuar el ritual del llanto de su hermano caído. Aunque el difunto a quien se le realiza el ceremonial no sea hijo directo de esa nganga, nada impide que en ese munanzo se pueda realizar.

Cuando se pretende efectuar esta ceremonia para cumplir con los vivos y no siguiendo los pasos requeridos que llevan las despedidas de los nkisis, estamos contribuyendo a que penetre el mal en esa familia creada por la religión y también comprometemos a los familiares de nuestro lazo sanguíneo. Al iniciarnos en la religión de los muertos se hace un pacto, que se mantiene en la vida y en la muerte.

Luego de sufrir una pérdida y realizar correctamente el ritual, este pertenece por entero a los mpungos, que son los que ríen y lloran, los que dan la bienvenida y la despedida a los hijos del Palo Monte.

MPAKA MENZO

Es el nombre de la mini nganga, que se fundamenta junto con la nganga, con el objetivo de poder transportar los poderes de la nganga a distintos lugares sin la necesidad de moverla de su casa (munanzo). La inmensa mayoría de las ngangas, por lo general, son pesadas y en muchos de los casos resulta muy forzoso e incómodo poder moverlas de su sitio de convivencia permanente.

Nosotros, los nkisi malongo podemos fundamentar las poderosas ngangas del Palo Monte, y éstas autómaticamente reciben poderes sobrenaturales a través del pacto con los antepasados y éstos son los encargados de suministrar estos poderes, que hacen posible la realidad de las poderosas ngangas.

Los nfumbes de las ngangas en todo momento lo están viendo y oyendo todo, los nkisi malongo, cuando fundamentamos las ngangas no le hacemos ojos, ni tenemos el poder para hacerlos en algunos rituales del Palo Monte, no es necesario mover la nganga como por ejemplo, en los rayamientos no es necesario mover las ngangas, sino que sólo usamos la npaka y ésta cumple la misma función que si estuviésemos cargando a la nganga.

Como conocedor de los misterios del Palo Monte, me atrevo a discrepar sobre el concepto errado, que hoy tiene la inmensa mayoría de los sacerdotes del Palo Monte, con respecto a que la Mpaka es la vista de la nganga, analizando este caso, nos daremos cuenta de que nosotros los seres humanos; no tenemos el poder para darle la visión a los espíritus. Dado el caso de una posesión, sólo podemos abrirle los ojos al caballo de monta, que está en trance para que el espíritu haga posesión de su vista transitoriamente, por un corto período de tiempo.

SIMBOLOGÍA QUE AUTORIZA EL TRASLADO
DE LA MPAKA

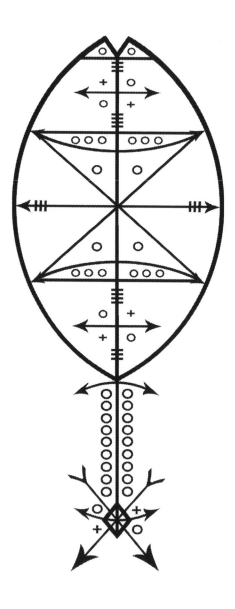

LA POLVORA

En lengua bantú la bautizaron como Fula, que quiere decir la desaparición instantánea. Este elemento era desconocido en las religiones de orígen africano y se introduce en el Palo Monte cubano en los tiempos de la Guerra de Independencia, dándole la función de vehículo para los espíritus. Para los africanos este concepto solia ser erróneo, pues los espíritus que están atados a las ngangas no necesitan de la pólvora para efectuar su traslado.

Según cuenta la historia, un gran número de los integrantes del Ejercito Libertador eran africanos y descendientes directos, quienes recurrían a sus ritos para aportar mejoras en sus misiones. Para ellos la religión era imprescindible, los acontecimientos sucedían a cada momento y la pólvora fue utilizada en sus ritos con el objetivo de acelerar los efectos que pudieran producir los espíritus vasallos de las ngangas.

Aunque existen infinidad de maneras para mover los espíritus sin necesidad de usar la pólvora, con los años este pasó a ser un elemento oficial en los rituales del Palo Monte.

El machete (Mbele), constituye el pasaje por donde se desplazan los espíritus cuando salen de las ngangas impulsados al contacto de la tabaco (nsunga) con la pólvora, para cumplir las misiones que les encomiendan los yimbes.

CHAMALONGO

Es el nombre en la lengua de los congos que se les da a las conchas de mar luego de un proceso de purificación, convirtiéndolas en el oráculo del Palo Monte; está compuesto por una cuarteta de estas conchas, las cuales se convierten en arma inseparable del brujo (yimbe). Cada contacto de este con las ngangas y nfumbes debe ser confirmado por las respuestas que se dan a través de los chamalongos. De los oráculos de adivinación de las religiones de origen africano, éste es el único que goza del privilegio de no ser poseído por espíritus intrusos.

Para que el chamalongo responda correctamente debe caer sobre arena de mar y cuando se esté trabajando con éllos, obligatoriamente quien lo esté haciendo tiene que estar descalzo porque lo exige el fenómeno de la magia, que permite la comunicación entre los vivos y los muertos.

El chama es el nombre de la magia con que se consagran los chamalongos al pie de las ngangas y longo es la voz de los mpungos y los antepasados. El chamalongo no tiene patakín, ni respuesta animista en las soluciones a los problemas planteados. Como oráculo, sólo tiene cinco posiciones posibles en las caidas dando respuestas cuando se le pregunta a las ngangas; estas respuestas solo tienen dos posibidades el sí o el no, si existe duda hay que volver a preguntar para confirmar una de ellas. El chamalongo se centra sólo en los problemas de aquí y ahora si se interpreta y se escucha las voces del más allá de seguro da una respuesta afirmativa o negativa.

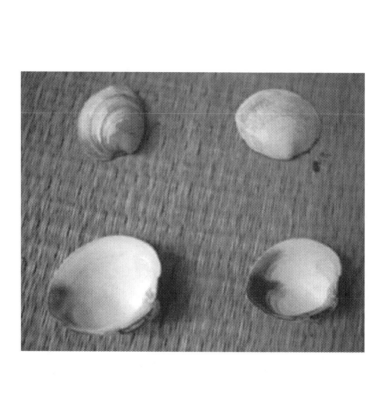

POSICIONES Y NOMBRES DE LAS CAIDAS DEL CHAMALONGO

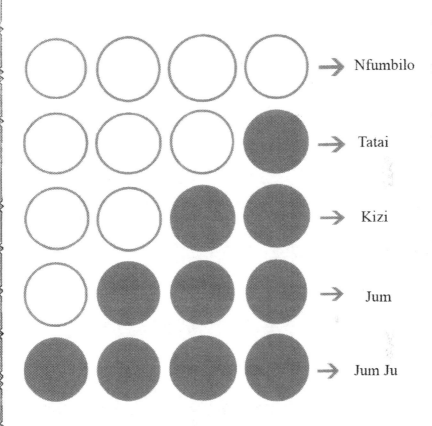

SIMBOLOGÍA PARA LA CONSAGRACIÓN DE LOS CHAMALONGO ANTE LA LUNA LLENA

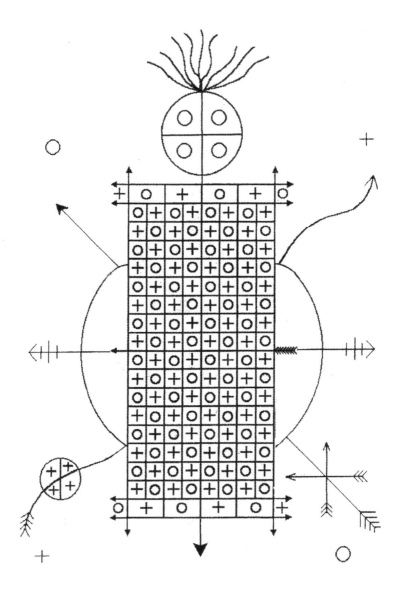

LA VELA (MUINDA)

Es el nombre de la vela, elemento clave y fundamental en cada rito y ceremonia dentro del Palo Monte, ésta les brinda claridad y energía a los mpungos, a los nfumbes y a los buenos espíritus, convirtiéndose en testigo de las iniciaciones, de las ofrendas y de todo acto que se realice dentro de la casa de los brujos (munanzo congo).

Antes de ser encendida, se debe invocar su oración para que no penetren en el lugar los espíritus malévolos y oscuros en busca de luz, que podrían hacerse presentes distorsionando los objetivos y provocandole perjuicios a los participantes. Para evitarlos, antes de encender la vela se traza un cuatro vientos con un carbón vegetal, que es el símbolo de la fecundidad y el material que más le temen los espíritus oscuros; por último se enciende y se le da la bienvenida con un canto. Los espíritus buenos comienzan a danzar y los malos a alejarse del lugar, asi afloran las fuerzas de los mpungos, garantizando el buen desenvolvimiento para que la vida continúe en paz y unión, como lo exigen los dioses.

Erronéamente en la actualidad algunos practicantes del Palo Monte confunden su nombre con el de Mpemba.

ORACION PARA ENCENDER LAS VELAS
(Lengua Congo)

Jiki Mpungo mi Zambia
Karilikamu guio nsila mi nti buri
Kon nguei karili fuame sala makon kokolense guio mantari

Hukumi ke kuenda ku munu cheche nfumbe mi kariki wui ke
muan kutare
Mi kuaria gui ñunga
Dun nguei kina ke kuaria gui ampungo
Dun nguei kina kiso nguei mpungo abamare
Sarae nti kariri wui kuaria guio ke kan chila bami chechere

ORACION PARA ENCENDE LAS VELAS

Gran poder de Dios
Con tu luz por delante venceré todos los obstáculos
Permite que vengan a mi buenos espíritus de luz para que me
protejan de todo lo malo,
En tu nombre que todo lo puedes
En tu nombre y tu poder confío
Hágase la luz para todos los que quieren nuestro bien

SIMBOLOGIA PARA ENCENDER LAS VELAS PARA QUE NO PENETREN LOS MALOS ESPIRITUS

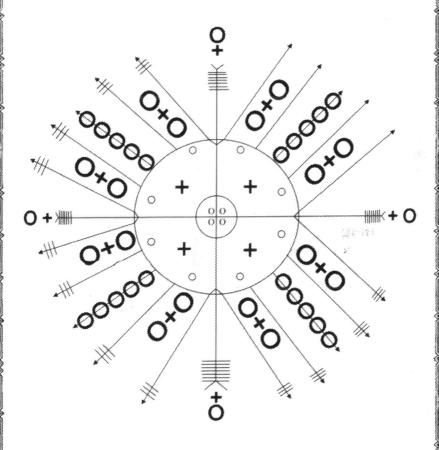

EL GARABATO

Este atributo pertenece por entero al mpungo Ngurufinda, su nombre en la lengua bantú es Ungoa. Es utilizado en todas las religiones de orígen africano, los mpungos, las ngangas, los orishas y las potencias necesitan de su imprescindible servicio. Representa la vida forestal, es el imán de las fuerzas del cielo que actuan sobre la tierra.

Su forma nos la provee la naturaleza, el garabato para que cumpla los requisitos de la magia tiene que estar en el árbol de forma vertical y la punta angular debe de estar dirigida al este. Quien lo necesite debe cortarlo solamente en tiempo de la cuaresma, para que no pierda sus virtudes magicas. Luego de ser cortado debe permanecer dentro de un río por espacio de 21 dias, una vez sacado se purifica con las hojas de la mata de algodón. Cuando no esta cortado correctamente puede ser vehículo de atracción de fuerzas malévolas.

El garabato en tiempos remotos fue utilizado por los ovejeros para guiar a sus rebaños. Los caminantes lo utilizaban para abrirse camino apartando la maleza, además les servia para orientarse colocando la punta más corta al este (por donde sale el sol), su sombra les daba la hora exacta y el punto cardinal.

El poder que actúa sobre el garabato en la lengua de los congos se llama Mumbala, este es el mpungo mensajero de Ngurufinda, que viaja de la tierra al cielo llevando y trayendo encomiendas. Se alimenta a través de los panales de abejas y no admite el sacrificio de animales. El garabato tiene la virtud de controlar a los animales, atrae los espíritus y sirve para enviar mensajes al cielo mediante ciertos movimientos en determinados horarios. Cuando este instrumento se encuentra dentro del munanzo y no se está utilizando debe permanecer en posición vertical detrás de las ngangas.

EL GARABATO (UNGOA)

MUNANZO CONGO

En el África las ngangas vivían debajo de árboles frondosos, alli se realizaban las iniciaciones al amparo del sol o de la luna, los sacrificios de animales que se hacían a las ngangas permanecian al pie de las mismas hasta que el animal se descompusiera y llegara a aura tiñosa (mayimbe). El período de la descomposición de los animales sacrificados podia tardar de 48 a 72 horas, esas ofrendas a los mpungos eran vigiladas por varios hombres para que otros animales no los devoraran y se cumpliera el pacto de los mpungos con mayimbe. La repentina presencia de estas aves provocada por la descomposición de los animales sacrificados era considerada una bendición de los cielos, que se recibía a partir de ese momento.

Las casa de lo brujos (munanzos congos) fueron creados en el nuevo mundo por los congos y sus descendientes luego de la aparición del Palo Monte cubano. Los esclavos fugados (cimarrones) usaron las cuevas intrincadas en las montañas como munanzo de las ngangas. Según pasó el tiempo los esclavos congos fueron liberándose y construyendo sus casas a la par fueron levantando las casas a sus ngangas para darle un lugar y protegerlas de las inclemencias del tiempo.

Otra razón que ayudo a construir los munanzos congos fue la privacidad que necesita ésta religión para que sus ritos y ceremonias se puedan mantener secretos, evitando que fueran espiadas por vistas prófanas. En el nuevo mundo la convivencia de las ngangas con los mortales tuvo otro matiz donde se respetaba la relación con otras religiones y la higiene.

En las cuatro paredes de los munanzos congos se resguardan los misterios sagrados que no estan a disposición de todos, es allí donde se realizan todas las ceremonias y ofrendas a los mpungos y nfumbes. Esta habitación guarda los más grandes misterios, es un recinto de lo divino compuesto por un conjunto de objetos sagrados, que incluyen a las ngangas y todos los accesorios con los que trabaja el brujo (yimbe). Las ceremonias que se celebran tienen el objetivo de rendir culto a los antepasados y alimentar a las ngangas para que se mantengan fuertes, e iniciar nuevas generaciones para que siga viva la tradición religiosa y mágica importada por los esclavos. En este espacio conviven los vivos y los muertos, produciendo la unión indescifrable entre lo tangible y lo invisible.

Al realizarse cualquier iniciación ó rayamiento la entrada al munanzo congo está custodiada por guardieros que celosamente cuidan el acceso, por seguridad y para evitar cualquier transgresión profana. En el Palo Monte todas las ceremonias son ocultas, quien logre burlar a los guardieros y penetre a una ceremonia secreta sin estar facultado, más tarde o más temprano estos le ajustarán la cuenta y si una persona consagrada sabiendo que alguien que no lo esta participa de una ceremonia o ritual oculto tambien recibe una multa o condena más grave.

Cuando hay una invitación a un malongo, si quiere participar cada practicante de esta religión debe tocar tres veces en la puerta e identificarse en lengua congo diciendo su nombre, origen y conocimientos. Todo esto lo irá aprendiendo el iniciado en esta religión, de acuerdo a su interés, acercándose a su padrino (Tata nkisi). Quien no sabe hablar en lengua kicongo muchas veces pasa verguenza y se queda sin entrar al munanzo para participar de la fiesta (malongo) al que haya sido invitado. Una vez dentro del munanzo puede participar de los cantos y ceremonias según sus conocimientos respetando las normas, demostrando la buena crianza que tiene, de él depende ir ganando fama de buen gangulero.

NKUNIA LONGO MBANZO (El carbón Vegetal)

Es uno de los elementos principales de trabajo que se deben usar en las magias del Palo Monte, este elemento mágico está lleno de virtudes y con altas propiedades medicinales que aún muchos no conocen, Nkunia significa palo, Longo es la virtud de las entrañas de la tierra y el resultado de los beneficios que nos brinda el fenómeno del fuego, Mbanzo es la descomposición de todos los cuerpos, reducidos a polvos.

En la actualidad, gran parte de los practicantes del Palo Monte, no incorporan en sus trabajos el carbón y esto es debido al desconocimiento de las virtudes que la naturaleza le regaló. Para que los seres humanos sean beneficiados por éstas virtudes, que de momento se convierten en milagros, el carbón que produce la tierra es un símbolo de fecundidad, de la vida que surge de la muerte, una luz que vive al salir de las tinieblas y también representa al bien contra el mal, la salud contra la enfermedad, la dicha que surge para enfrentar al dolor. Si no incluímos el carbón en la inmensa mayoría de los trabajos en la vida del Palo Monte, estamos desaprovechando los verdaderos valores mágicos que nos brinda la naturaleza, para enfrentar gran parte de los problemas, del diario acontecer.

En las inscripciones que conocemos como rayamiento del Palo Monte, no pueden faltar los pasos, donde se utiliza el carbón, porque es el elemento que representa el fenómeno de la resurrección. El rayamiento, significa una inscripción en el mundo de los muertos y en el pasado, es una muerte simbólica, convirtiendose el objetivo de los pactos para mantener viva siempre, esta religión de origen africano y continuen nuestras tradiciones.

En la antigüedad, muchos pueblos del mundo, usaban el polvo de carbón para desinfestar las heridas y cuando se empezó a almacenar el agua para beber; el fondo de los recipientes, era cubierto con carbón, para que de esta manera, el agua fuera descontaminada de bacterias y parásitos.

Los descendientes de los congos en Cuba realizaban sus misas a los antepasados, debajo de la mata de ceiba, en sus raíces, colocaban veintiún ñames y sobre ellos, nueve jícaras que en su interior les colocaban un pedazo de carbón, para que surgiera voluntariamente el fenómeno de las posesiones de los espíritus, en la cabeza de los mortales. El carbón es el elemento que sella todos los pactos y tratados del Palo Monte.

En el Mayombe congo en África, se fundamenta al mpungo Nkoko Nomain, dueño del dinero, que su función es de talismán de los hogares, para encontrar nuevas oportunidades en las vidas de los nkisi malongo y no como objeto de culto directo al servicio común; este mpungo originario de la zona del río Congo, la magia que contiene su base, está fundamentada sobre el carbón vegetal y el carbón de la tierra, que son los que permiten que se produzca el misterio de la reproducción de los beneficios

SIMBOLOGIA QUE SE HACE EN LAS PUERTAS DE LOS HOGARES DE LOS HIJOS DEL PALO MONTE

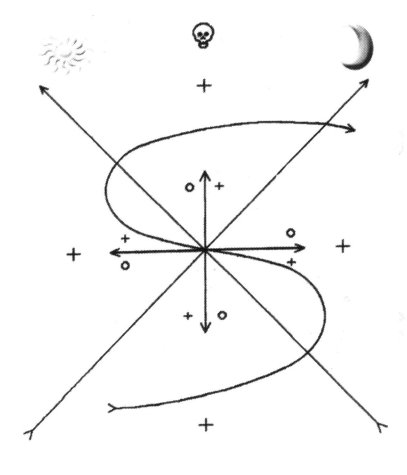

MULENSE

Desde los primeros tiempos de la historia de los congos, surge la leyenda de Mulense; personaje que dejó marcado a los congos y a sus descendientes por su valor y solidaridad con los pobladores de esa época. Según cuenta la historia, Mulense, más conocido por el congo Riat, se convirtió en una leyenda porque a él lo conmovían las injusticias que se cometían con sus semejantes y se dedicó a combatir los abusos que sucedían en el Congo primitivo, de manos de los jefes de las tribus, que castigaban brutalmente sin distinción de edad ni sexo. Su fama de hombre valiente fue creciendo con cada hazaña, se fueron divulgando por todo el continente africano sus cualidades. El congo Mulense era un guerrero solitario, domador de fieras salvajes al que también se le conocía por "Rey de la Selva".

Las formas y maneras con que se trataban de disciplinar a los hijos en las tribus, estaban llenas de salvajismo, por ejemplo: para explicarle a un niño de los peligros por tocar el fuego le ponían las manos a las brasas, para que lo quemara y así se comprendiera que el fuego, no se toca; otro ejemplo si alguien salía sin permiso de su jurisdicción, cuando regresaba le podían amputar un dedo de los pies, etc. En esos momentos difíciles era cuando aparecía Mulense, El Salvador dando sus enseñanzas y aplicando justicia, enfrentándose a los abusadores y salvando a los que sufrían esos castigos mutilantes.

Los caminos del territorio de los congos estaban llenos de peligros, que conducían a los caminantes hacia una muerte segura, por los asaltantes, los caníbales y las fieras salvajes que en todo momento acechaban a los que por allí deambulaban. La fama de Mulense, llegó a lo más alto en el antiguo reino congo, nadie se explicaba como éste individuo aparentemente normal pudiera estar en tantos lados a la misma vez y realizando nuevas hazañas que corrían por todo el territorio. Algo similar a los héroes de la antigua Grecia, considerados como semidioses.

Nadie en esa época se atrevía a contradecir a Mulense, a la vez cuando lo desobedecían, una de sus características principales, era el poder de convencimiento; que tenía en el momento de intervenir en favor de alguien sin la necesidad de llegar a la violencia. Otra de las cualidades que él poseía era ser un gran conocedor de la flora africana. Era como un médico especialista de todas las ramas, sus brebajes milagrosos y sanadores lo hicieron más famoso aún. Servirle en todos los aspectos a los congos era su gozo.

La presencia inesperada de Mulense en las fiestas de los congos provocaban el fenómeno del trance, muchos afirmaban que a éste lo acompañaban fuerzas sobrenaturales, que le permitían hacer cuanto se le antojaba. Era el vocero de lo fenómenos naturales, con tiempo alertaba a todos, de lo que se avecinaba fuerabueno o malo.

Mulense nunca quiso tener ningún tipo de acercamiento con los reyes y príncipes del Congo, odiaba a la jerarquía, porque sus padres fueron reyes del Reino de Hulcami y cuando él cumplió los siete años lo hicieron príncipe, él no entendía el maltrato que se les daba a los pobladores que allí vivían. El congo Mulense desertó de su tierra a la edad de quince años, por ninguna razón podía volver, porque el castigo que le iban a imponer era la decapitación, en ese reino no se tenía en cuenta nada, no existían los privilegios a la hora de cumplir sus leyes. Por ésta razón, Mulense decidió emigrar para el territorio de los congos donde nadie de su reino lo pudiese alcanzar.

Cuenta la historia de los congos que un día en el camino, Mulense tuvo un encuentro con el Mpungo Nzasi quien lo dotó de fuerzas sobrenaturales, que sólo podía usarlas en beneficio de la razón común. Se le concede el honor a Mulense de crear, por instrucciones directas del Mpungo Nzasi, La Marimba, instrumento musical que pasó a formar parte oficial en los cultos de todo el continente africano y luego más tarde se expandió por gran parte del mundo. Mulense, oriundo de Benín, es considerado congo por excelencia, fue brujo, guerrero, artesano de nobleza y acaparó en los tiempos inmemorables del Congo la misma aceptación y popularidad, que los mpungos.

Después que ocurrió su desaparición física, los habitantes de los territorios congos llamaban a su espíritu para que se manifestara en todos los lugares. El poder de éste personaje, después de su muerte, transcendió y cruzó muchas fronteras, pero sin llegar a ser considerado una deidad. En la religión Palo Monte, cubana de origen congo, en la actualidad se cuenta con el poder de éste famoso espíritu, que se le llama, para que los Tatas ó Nkisis caigan en tranc; cuando la multitud aclama la presencia de algún mpungo el espíritu de Mulense en fracciones de segundos hace posible que ése reclamo colectivo se convierta en un hecho.

ORACION AL ESPIRITU DE MULENSE

¡ Señor, de los caminos del Bien, protégeme más!

Sepárame de cualquier cosa mala que a mi vida pueda llegar

En el nombre de Dios Todopoderoso

Es a ti a quien imploro

Dirígeme por el camino correcto no permitas que me exponga por los caminos extraviados

Ofréceme tu bien, por amor a Dios

¡ Primero Dios !

¡ Dios arriba !

¡ Dios abajo !

¡ Dios a los cuatro costados !

¡ Dios es único !

¡Gracias a Dios !

ORACION AL ESPIRITU DE MULENSE
(Lengua Congo)

Mpangui mi guio nsila min mako kutare manga
Suama mi ngando kuima ñar ke ku munu buri npu
  umbre
Dun muene kina mi zambia kokolense mpungo mun
  lu nsi ku moni mambo
Watuka fuamen muene nsila imose ko unallan ke
  muan kana fuamen guio nsila asigue
Allalla nguei mako fuame congole ku zambia
Yesi zambia
Zambia iza
Zambia ponde
Zambia ku guio iya sese
Zambia mun yesi
Mambote ku Zambia

EL FENÓMENO PROPIO DEL SEXO FEMENINO

Como bien se conoce, la menstruación es un fenómeno propio del sexo femenino, que consiste en la expulsión mensual de las capas internas del útero. El cuerpo de la mujer cada mes se prepara para la fecundación, al no producirse afecta a la mujer desde el punto de vista físico y emocional.

A las ngangas en tiempos remotos las alimentaban con sangre humana, producto del salvajismo que acompañaba en su naturaleza al hombre de esos tiempos.

La mujer cuando penetra en una casa de brujos (munanzo), remueve el instinto salvaje de los espíritus (nfumbes) que pueden perseguirlas y traerles como consecuencia por ejemplo: enfermarlas de gravedad hasta convertirlas en estériles; por esta razón deben mantenerse lejos de los munanzo, mientras estén con su ciclo menstrual. Este es el motivo de las restricciones de las mujeres en las participaciones de los cultos de origen africano y especialmente, en el Palo Monte.

Si se da el caso que en el transcurso de una ceremonia, a una mujer se le presenta la menstruación, el yimbe debe ordenar de urgencia un baño con hojas de anamú, para que los nfumbes no se les acerquen; luego las deben despojar con paraíso y se les invoca a los mpungos la siguiente oración: Zambia oto guirikó fumbi guirikó nfumbe guiriko ma ndundu ndoqui meki menga ndumba nbonda Zambia mpungo ju ju man ju ju tondele ntondele nguima nzala bilongo mankita Zambia kutare muana.

Después de esta oración se continua la ceremonia, como si nada hubiese pasado.

ESTA SIMBOLOGIA REPRESENTA A LA MUJER

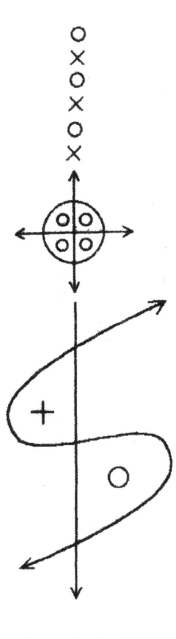

SIMBOLOGIA QUE REPRESENTA AL HOMBRE

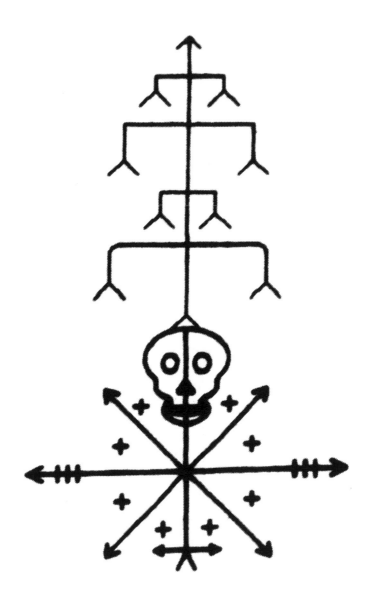

PRESIGNACION DE LOS CONGOS ANTE LAS NGANGAS

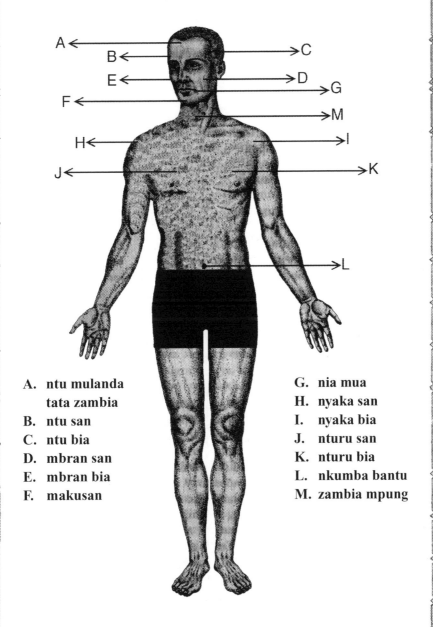

A. ntu mulanda tata zambia
B. ntu san
C. ntu bia
D. mbran san
E. mbran bia
F. makusan

G. nia mua
H. nyaka san
I. nyaka bia
J. nturu san
K. nturu bia
L. nkumba bantu
M. zambia mpung

SIMBOLOGIA QUE REPRESENTA AL CUERPO HUMANO EN CEREMONIA DE SANACIÓN

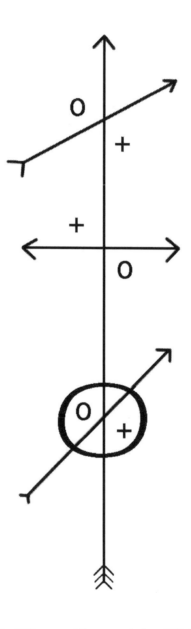

EL CUERPO HUMANO

El Cuerpo Humano en la Lengua de Los Congos Ki – Congo

Muene ngombo buntu dun nti ntanda mi guio congo ki – congo

Cuerpo Humano	Ngombo Buntu
1. Cabeza	Ntu
2. Cabello	sefo
3. Cráneo	krillumba
4. Cerebro	Nzabi
5. Cuello	Baranco
6. Frente	Mulanda
7. Cara	Itama
8. Ojos	Menzo
9. Sien (D)	Ntu bia
10. Sien (I)	tu sam
11. Pupilas	Kikimenzo
12. Nariz	Maruso
13. Labio (S)	Mu
14. Labio (I)	Mua
15. Boca	Nimua
16. Lengua	Ntanda
17. Dentadura	Nsarau
18. Mejilla (D)	Mbram bia
19. Mejilla (I)	Mbram sam
20. Oído (D)	Mato bia
21. Oído (I)	Mato san
22. Los Oídos	Mato

23.	Mentón	akunsan
24.	Piel	Dikue
25.	Oreja	Nkuto
26.	Cejas	Konde
27.	Pestañas	Nsefole
28.	Nuez de Adán	Lan Seke
29.	Garganta	Kusara
30.	Corazón	Nchila
31.	Pulmones	Nkila
32.	Músculos	Mpunche
33.	Sangre	Menga
34.	Vena Yugular	Kamansia
35.	Venas	Meki menga
36.	Arterias	Meki
37.	Nervios	Sigue
38.	Ligamento	Nkansese
39.	Costado (D)	Sese bia
40.	Costado (I)	Sese san
41.	Región Lumbar	Silanketo
42.	Senos	Soma
43.	Estómago	Mboane
44.	Intestinos	Nsafi
45.	Vientre	Munaluza
46.	Hígado	Nkimallo
47.	Vesícula	Ambi
48.	Columna Vertebral	Baranko dumba
49.	Espalda	Gongo
50.	Riñones	Mpanga
51.	Bazo	Nchuta
52.	Vejiga	Bomba
53.	Intestinos	Nsofi
54.	Ombligo	Nkumba buntu
55.	Órgano Genital (M)	Makate
56.	Órgano Genital (F)	Kisionde
57.	Testículos	llolele

58. Hombro (D)	Nyaka bia
59. Hombro (I)	Nyaka sam
60. Brazo (D)	Nsalembo bia
61. Brazo (I)	Nsalembo sam
62. Manos	Moko
63. Mano (D)	Mokobia
64. Mano (I)	Mokosam
65. Antebrazo (D)	Sualeko bia
66. Antebrazo (I)	Sualeko sam
67. Muñeca	Munian
68. Dedos	Lembo
69. Dedo Meñique	Lembo nene
70. Dedo Anular	Lembolla
71. Dedo del Medio	Lembo karan
72. Dedo Índice	Lembo nbo
73. Dedo Pulgar	Lembori
74. Uñas	Yim
75. Dedos de los Pies	Lembia - 1.- Yesi
	2.- Yole
	3.- Itatu
	4.- Iya
	5.- Ifum
76. Páncreas	Kunianzo
77. Hiel	Memon
78. Axila	Guako
79. Codo	Kuma
80. Pectoral (D)	Nturu bia
81. Pectoral (I)	Nturu sam
82. Glúteos	ungo
83. Muslos	Chekunale
84. Rodillas	Fumako
85. Piernas	Kisenguele
86. Tobillo	Fumale
87. Pies	Ntambe
88. Planta del Pie	Sualo ngombo

89.	Tendón de Aquiles	Kisenguere
90.	Tibia	Kisenguele
91.	Cintura	Mandu
92.	Ano	Nfifem
93.	Orina	Filan
94.	Saliva	Lamua
95.	Sudor	Lamin
96.	Lágrimas	Muinga
97.	Vómito	ina
98.	Semen	Limbombo
99.	Alma	Kuna
100.	100. Sombra	Ntualalan
101.	101. Esqueleto Humano	Kisiako

LA RELACIÓN DE LOS MPUNGOS Y EL CUERPO HUMANO

La vida cotidiana de los adeptos a la religión de origen congo, el Palo Monte está estrechamente ligada con los mpungos y los ancestros, de manera que las partes del cuerpo, no quedan exentas de esta repartición selecta por el creador del género humano, y donde todos los mpungos, tienen su parte en la composición del cuerpo humano.

Los mpungos tutelares de las partes del cuerpo se comunican con los mortales a través de las señales que el cuerpo recibe y éstas presagian los acontecimientos que se avecinan, sean estos, buenos o malos.

El poder descifrar de alguna manera estos mensajes sobrenaturales que nos envían los mpungos a través de las señales, sólo depende de la buena comunicación que se tenga con los mpungos y los antepasados.

LAS PARTES DEL CUERPO HUMANO Y SUS MPUNGOS TUTELARES

KOBALLENDE

1. La piel
2. El esqueleto humano
3. Los glúteos
4. Los pies
5. El brazo izquierdo
6. Las manos
7. La lengua

8. Los nervios
9. Los ligamientos
10. Los dedos meñiques

NZASI

11. La cabeza
12. La vesícula
13. El oído izquierdo
14. Los órganos genitales del hombre
15. Los riñones
16. El brazo derecho
17. El dedo índice de la mano derecha

IYA M DOKI

18. El corazón
19. El cabello
20. La circulación
21. Las arterias
22. El costado derecho del hombre
23. Costado izquierdo de la mujer
24. El ojo derecho

NKENGUE

25. La pierna derecha
26. La dentadura
27. El oído derecho
28. El vaso
29. La vejiga
30. Dedo del medio de la mano derecha
31. Los dedos anuar

ZARABANDA

32. La garganta
33. Los senos
34. El vientre
35. Partes genitales de la mujer
36. La región lumbar
37. El dedo pulgar (mano derecha)

BUNTUN

38. La pierna izquierda
39. Los músculos
40. El hígado
41. Las venas
42. Los pulmones
43. Indice de la izquierda

NKULLO

45. El cerebro
46. El ojo izquierdo
47. Costado izquierdo del hombre
48. Costado derecho de la mujer
49. Los intestinos
50. El estómago
51. El dedo del medio (mano izquierda)
52. El dedo pulgar (mano izquierda)

MENSAJES DE LOS MPUNGOS A TRAVÉS DEL CUERPO HUMANO

1. Cuando se sienten algunas punzadas discontinuas en la parte izquierda de la cabeza estamos siendo alertados por el mpungo nsazi, que inmediatamente se tiene que abandonar el lugar donde nos encontramos.

2. Cuando se sienten punzadas discontinuas en la parte derecha de la cabeza, estamos siendo alertados por el mpungo nzasi, que algo importante que teníamos que hacer lo hemos olvidado.

3. Cuando se siente una punzada fuerte en el centro de la cabeza el mpungo nsazi, le está alertando que la persona con la que usted se encuentra hablando, está traicionando la confianza que usted le ha brindado.

4. Cuando se siente en toda la cabeza un erizamiento el mpungo nzasi, le está alertando que en el lugar donde se encuentra está rodeado en ese preciso momento de espíritus infernales.

5. Cuando se siente una fuerte punzada en la frente le está alertando el mpungo nzasi, que en la dirección que usted va no es la correcta y más adelante se encontrará con un fuerte obstáculo.

6. Cuando sentimos en toda la cabeza dolor y erizamiento a la vez el mpungo nzasi, nos está alertando que todos los planes y proyectos que se tienen para ese día deben ser abandonados.

7. Si se siente un fuerte escozor en el oído derecho, el mpungo nkengue le está alertando que alguien de su entera confianza en ese preciso momento está hablando mal de usted y está planeando algo malo en su contra.

8. Si se siente un fuerte escozor en el oído izquierdo el mpungo nzasi le está alertando que la persona con la que usted se encuentra hablando quiere confesarle algo pero tiene miedo que usted sin querer lo delate.

9. Si se siente un fuerte escozor en ambos oídos significa que la suerte está de su lado y tiene que aprovechar las oportunidades que la vida le va a poner en su camino, a partir de ese momento y ésta suerte que le viene está siendo, gracias al mpungo nzasi que lo quiere compensar por alguna buena acción que usted ha tenido con el prójimo.

10. Si sentimos que nos tiembla el párpado izquierdo, el mpungo nkullo está alertando que en la persona conque usted está hablando siente cierta atracción amorosa por usted.

11. Si sentimos que nos tiembla el párpado derecho, el mpungo iyam doki le está alertando que en el día alguien le hará una proposición que tal vez a usted le parezca fructifera y es todo lo contrario.

12. Si le tiemblan los dos párpados a la vez el mpungo nzasi, le está alertando que es el momento preciso para que plantees tu inquietud y ésta será resuelta de inmediato.

13. Cuando se siente escozor en la nariz el mpungo butún le indica que recibirá una sorpresa agradable.

14. Cuando sentimos dolor en el ojo derecho el mpungo iyam doki le está alertando que alguien planea robarle en un período de nueve días.

15. Cuando sentimos dolor en el ojo izquierdo el mpungo nkullo le está alertando que va a tener un problema de justicia.

16. Cuando sentimos dolor en el oído derecho, nkengue le está alertando que alguien de su familia corre peligro.

17. Cuando sentimos dolor en oído izquierdo el mpungo nzasi le está alertando, que no es el momento de realizar lo que tienen en mente.

18. Cuando el labio superior nos tiembla, el mpungo nzasi, nos está adelantando el éxito en el trámite que acabamos de hacer.

19. Cuando el labio inferior nos tiembla, el mpungo nzasi, nos está alertando que algo que acabamos de decir, más adelante, nos traerá un gran problema.

20. Si sentimos que ambos labios nos tiemblan, el mpungo nzasi, nos está alertando de una traición hecha por la propia familia.

21. Si sentimos que la mejilla derecha nos tiembla, el mpungo kzasi, nos está adelantando el triunfo laboral, se recibirá una proposición de ascenso.

22. Cuando sentimos un fuerte peso en la nuca, el mpungo koballende le está indicando que debe de mirar hacia atrás, que alguien que verás riendo, le está echando brujería.

23. Si sentimos que de momento se nos duerme el brazo izquierdo, el mpungo koballende, le está indicando que su pareja le engaña, con la persona conque usted se encuentra hablando.

24. Si sentimos que se nos duerme el brazo derecho, el mpungo nzasi nos está alertando que debemos tomar extrema precaución en la calle, durante una semana, porque estamos siendo perseguidos, por

fuerzas malignas invisibles, del más allá y éstas fuerzas, persiguen a los mortales y crean terribles accidentes.

25. Cuando se siente una fuerte punzada en los testículos, el mpungo nzasi, le está alertando que su pareja el próximo día lo engañará con otro hombre.

26. Si la mujer siente a la hora de dormir en su humanidad un fuerte escozor, el mpungo zarabanda, le está alertando, que el día siguiente será engañada por su pareja.

27. Si sentimos completamente la mano izquierda dormida, el mpungo nkullo le está avisando que la persona que estamos buscando hace mucho tiempo, en muy corto tiempo, va a aparecer ante usted.

28. Cuando se siente un fuerte escozor en la mano derecha, el mpungo nkengue, le está alertando que de alguna manera tendrán cierta pérdida de dinero, si no tomas ciertas precauciones de inmediato.

29. Cuando se siente un fuerte escozor en la mano izquierda, el mpungo Buntun, le está avisando que recibirá dinero muy pronto.

LOS FANTASMAS

Estos entes visibles para unos e invisibles para otros eran conocidos en el antiguo reino de los congos con el nombre de Ndundu, los describian de carácter burlón e inofensivo. Su misión era resguardar todo lo que fuera sagrado para las ngangas y los mpungos, asustar a los profanos era el objetivo de los ndundu. Según historias de algunos pueblos del mundo, los fantasmas manifiestan su presencia solo para asustar a la gente y en especial a los malditos de los caminos.

Los negros congos fundamentaban a los ndundu y man ndundu (duendes) (burlones) que protegían a los caminos que conducen a los lugares sagrados, de algunas personas mal intencionadas que pudieran perjudicar de alguna manera al reino de los congos.

La religión Palo Monte trabaja con tres grupos de ndundu y éstos son:

➢ **Ndundu wuaiza**, son los que vuelan por los mares.

➢ **Ndundu naribe**, los que habitan en la ceiba.

➢ **Ndundu finda**, los que habitan en los montes.

LAS BRUJAS

En el viejo continente africano, las brujas eran conocidas con el nombre de Mazimba. Éstas habitaron al principio de los tiempos en el territorio de África. Según la historia que nos llegó de los negros esclavizados en Cuba, las brujas en esas épocas dieron mucho que hacer y de que hablar.

El reino de las brujas se encontraba en el Congo y se llamaba Kalumbembe, era dirigido por siete brujos y siete brujas que convivían juntos y eran los más poderosos del continente africano. En la guerra que tuvieron los hombres contra las brujas, los brujos se mantuvieron neutrales.

Las siete principales brujas:

1. **Maria Finda**, dueña de los montes y las praderas, ésta bruja se convierte en puerca.

2. **Maria Bibiana**, dueña de los ríos y los lagos, se desdobla como los sapos y las ranas.

3. **Maria Batalla**, dueña de los remolinos y las tempestades, su desdoble lo hace como las mariposas.

4. **Maria Korombe**, dueña del cementerio y los siete mares, se desdobla como las arañas y los alacranes.

5. **Maria Conga**, dueña de los pantános, su desdoble lo hace con los murciélagos y las jutías.

6. **Marieta Ponde**, dueña de los caminos, su desdoble lo hace como el caballito del diablo.

7. **Maria Justa**, dueña de los pozos y las montañas, su desdoble lo hace con los ratones.

Los siete principales brujos:

1. **Mayimbe Nuge**
2. **Mayimbe Finda**
3. **Mayimbe Riat**
4. **Mayimbe Kurume**
5. **Mayimbe Koroko**
6. **Mayimbe Congo**
7. **Mayimbe Zamsa**

En la lengua de los congos MAYIMBE quiere decir BRUJOS PODEROSOS que vuelan sin necesidad de tener alas.

Las brujas africanas odiaban a los hombres y les hacían la vida imposible. En áquellos tiempos, ellas recurrían a todos sus poderes y mañas para derrotar a los hombres y éstos puestos de acuerdo y con la ayuda de los brujos, le declararon la guerra, terminaron venciéndolas, pues ellas sólo podían ver de noche y en cambio los hombres podían ver de noche y de día.

Una vez que en el día eran capturadas, las ejecutaban con el fuego. Las brujas que pudieron escapar de los hombres, emigraron a las Islas Canarias, lugar donde se instalaron por siglos y se esparcieron por todo el mundo.

MATRIMONIO DE LOS BRUJOS

Los siete principales brujos congos se matrimoniaron con las siete principales brujas, jefas de las tribus que emigraron a las Islas Canarias.

1.	**Mayimbe Nuge**	con	**Maria Finda**
2.	**Mayimbe Finda**	con	**Maria Bibiana**
3.	**Mayimbe Riat**	con	**Maria Koronbe**
4.	**Mayimbe Kurume**	con	**Maria Conga**
5.	**Mayimbe Korokoto**	con	**Marieta Ponde**
6.	**Mayimbe Congo**	con	**Maria Batalla**
7.	**Mayimbe Zamsa**	con	**Maria Justa**

SIMBOLOGIA PARA LLAMAR A LAS MAZIMBAS

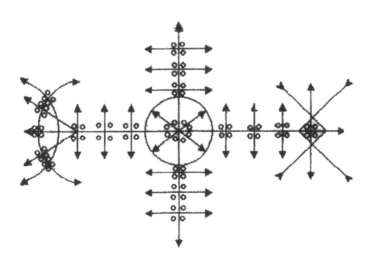

SIMBOLOGIA DE LOS ALTARES DE LAS BRUJAS

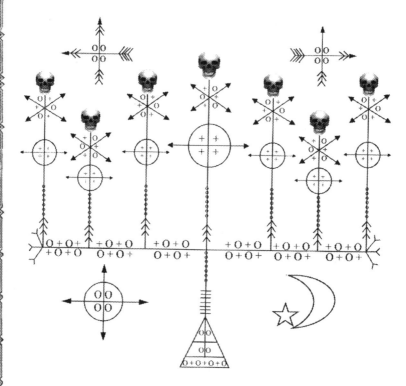

EL TIEMPO (AKAMBAILE)

Español	Lengua Congo
Día	Ndiame
Mes	Kandiame
Año	Masimene
Hora	Kenguen
Minuto	Milot
Segundo	Kiro
Noche	Nfuka
Madrugada	Kifuka
Amanecer	Lemba
Atardecer	Mafuka

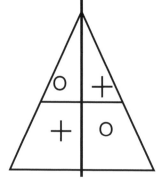

LOS (PLANETAS) NGONDATO

Español	Lengua Congo
Astro Sol	Ntango
Luna	Iya Lemba
Martes	Bungue
Mercurio	Manko
Jupiter	Nkue
Venus	Wueon
Saturno	Kullo

NDIAME

KANDIAME

MASIMENE

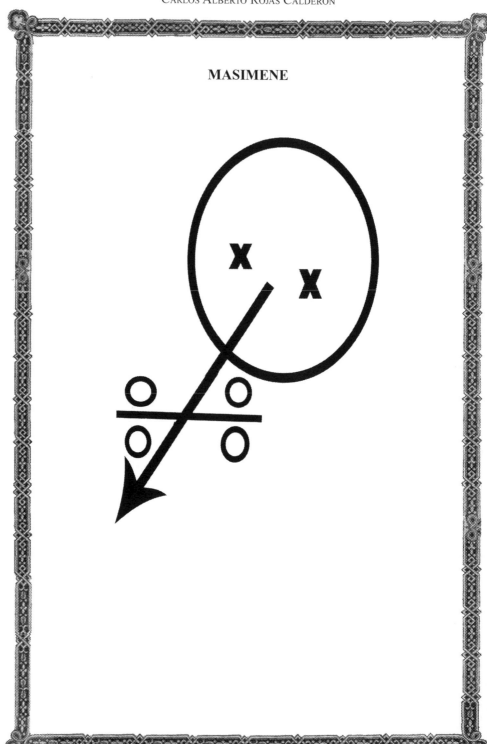

KENGUEN

MILOT

KIRO

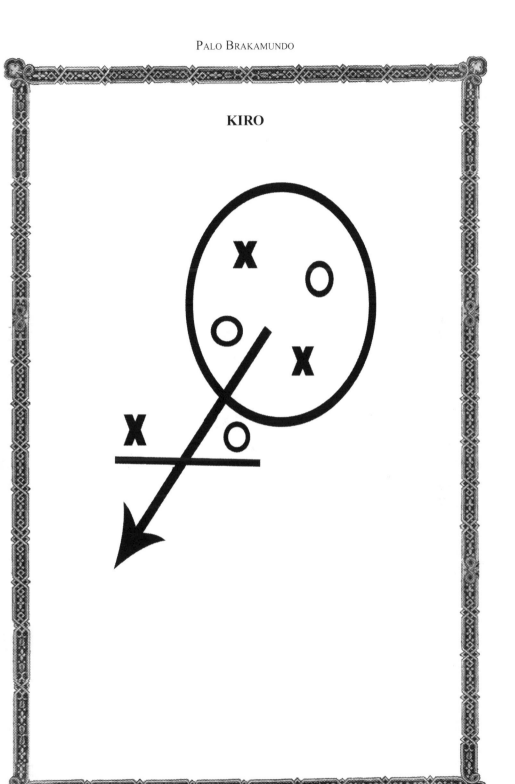

NFUKA

KIFUKA

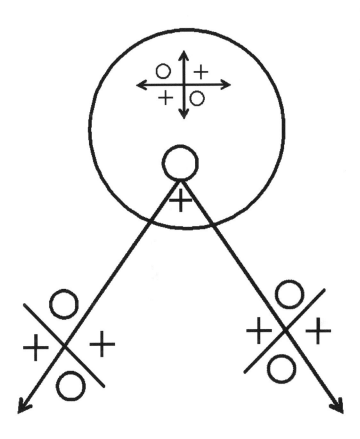

LEMBA

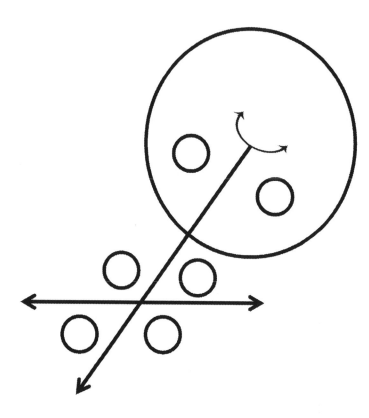

MAFUKA

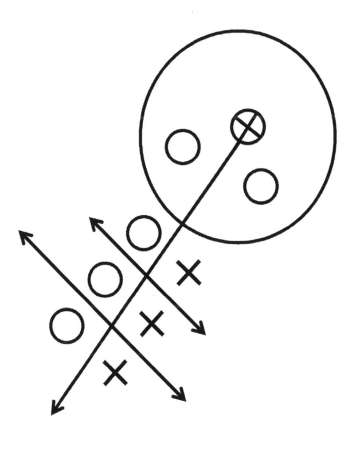

LOS MESES DEL AÑO

En el antiguo reino de los congos (A.C.) el año estaba compuesto solo por seis meses

LOS MESES DEL AÑO (D.C.)

Español	Lengua congo
Enero	Yaye
Febrero	Kunle
Marzo	Kalu
Abril	Kunta
Mayo	Kumo
Junio	Yami
Julio	Yare
Agosto	Kisa
Septiembre	Kumba
Octubre	Kamasi
Noviembre	Konko
Diciembre	Kamanto

DIAS DE LA SEMANA REGIDOS POR LOS PLANETAS

Español	Lengua Congo
Domingo	Ntango
Lunes	Iya Lemba
Martes	Bungue
Miercoles	Manko
Jueves	Nkue
Viernes	Wueon
Sabado	Kullo

DIAS DE LA SEMANA GOBERNADOS POR LOS MPUNGOS

Español	Lengua Congo
Domingo	Sambia
Lunes	Buntun
Martes	Nzasi
Miércoles	Koballende
Jueves	Zarabanda
Viernes	Malenke
Sábado	Nkullo - Iyam doki

DIAS DE LA SEMANA

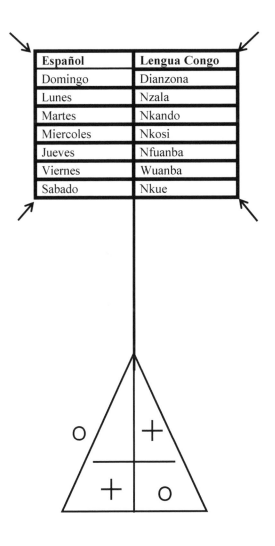

Español	Lengua Congo
Domingo	Dianzona
Lunes	Nzala
Martes	Nkando
Miercoles	Nkosi
Jueves	Nfuanba
Viernes	Wuanba
Sabado	Nkue

SIMBOLOGIAS QUE REPRESENTAN LOS DIAS DE LA SEMANA

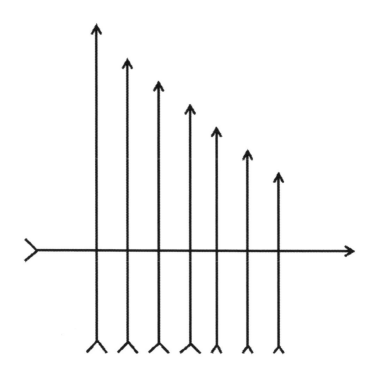

SIMBOLOGIA QUE REPRESENTA AL DIA DOMINGO

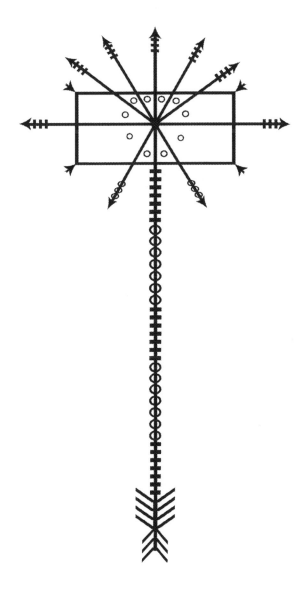

SIMBOLOGIA QUE REPRESENTA AL DIA LUNES

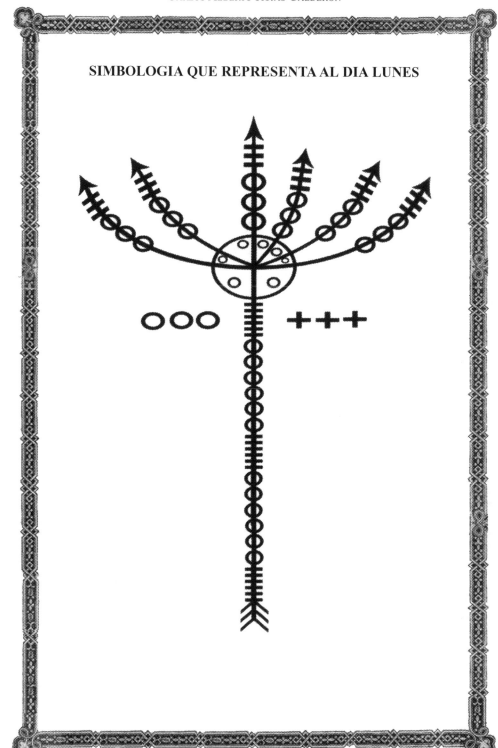

SIMBOLOGIA QUE REPRESENTA AL DIA MARTES

SIMBOLOGIA QUE REPRESENTA AL DIA MIERCOLES

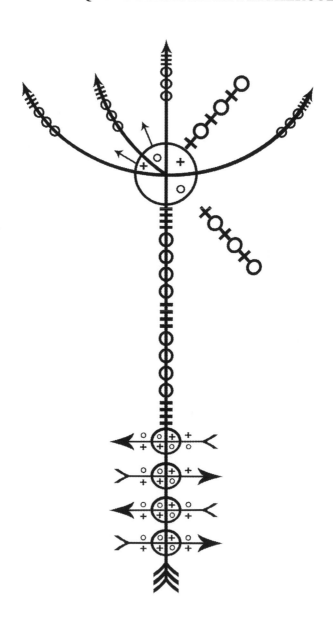

SIMBOLOGIA QUE REPRESENTA AL DIA JUEVES

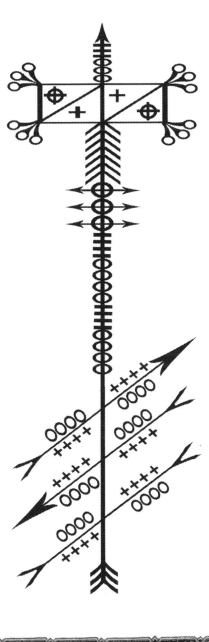

SIMBOLOGIA QUE REPRESENTA AL DIA VIERNES

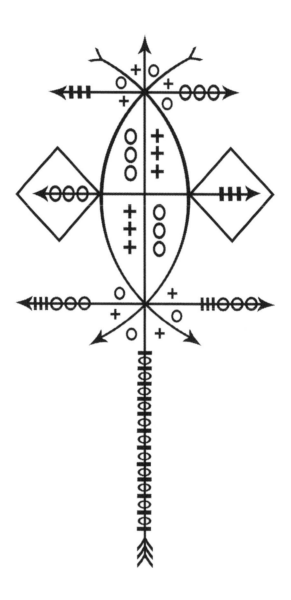

SIMBOLOGIA QUE REPRESENTA AL DIA SABADO

SIMBOLOGIA QUE REPRESENTA EL DIA DE
LOS REYES MAGOS

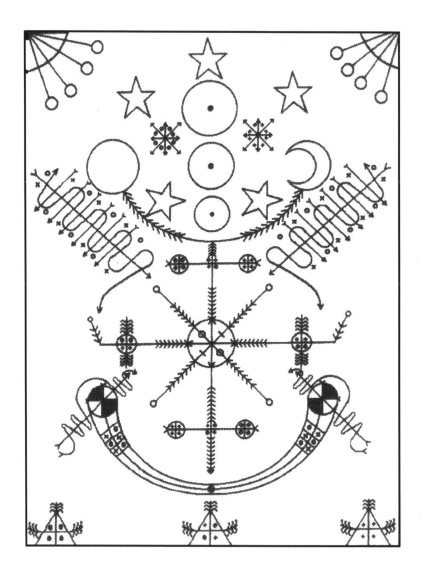

SIMBOLOGIA MAGICA DEL TRATADO PARA LA PURIFICACION DE AÑO NUEVO

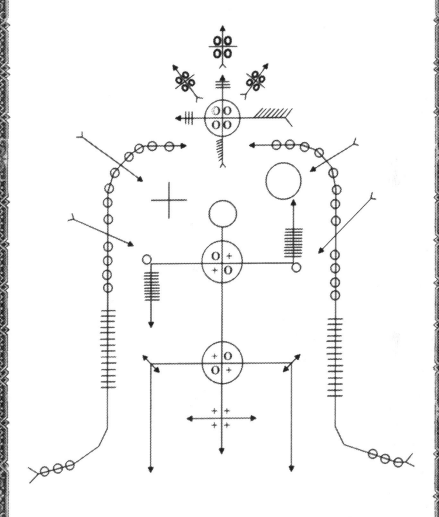

SIMBOLOGIA PARA TRABAJAR CON LAS NGANGAS EN EL TIEMPO DE CUAREZMA

SIMBOLOGIA PARA PACTAR CON LA MUERTE EN LOS PRIMEROS DIAS DEAÑO NUEVO

EMBLEMA QUE REPRESENTA LA ESTACION
DEL INVIERNO

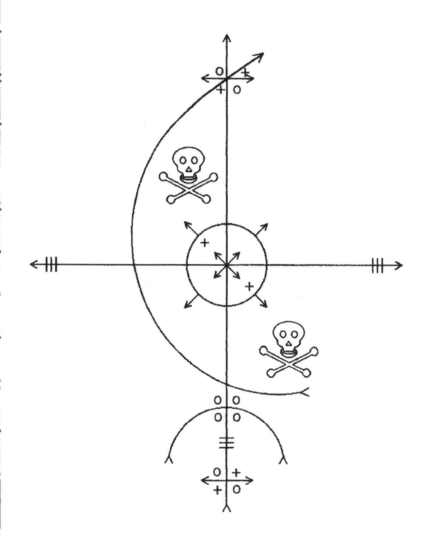

EMBLEMA QUE REPRESENTA LA ESTACION
DEL VERANO

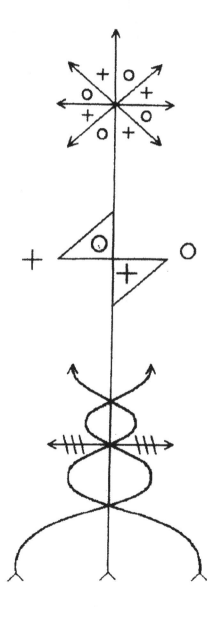

SIMBOLOGIA QUE REPRESENTA LA ESTACION
DEL OTOÑO

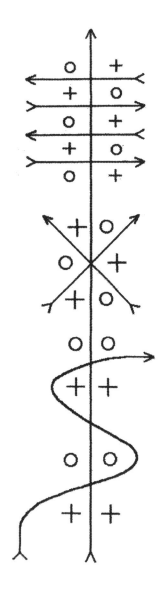

EMBLEMA QUE REPRESENTA EL FIN DEL VERANO Y EL PRINCIPIO DEL OTOÑO

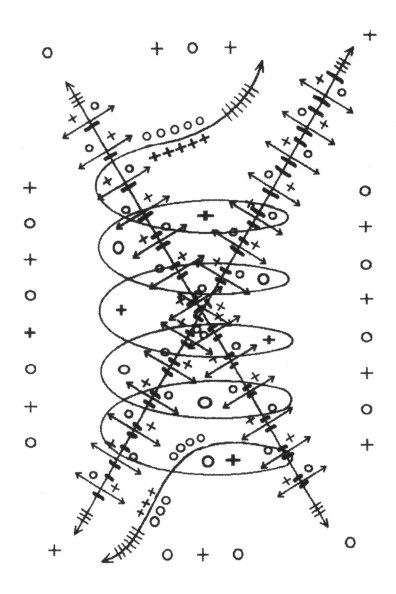

EMBLEMA QUE REPRESENTA LA ESTACION
DE PRIMAVERA

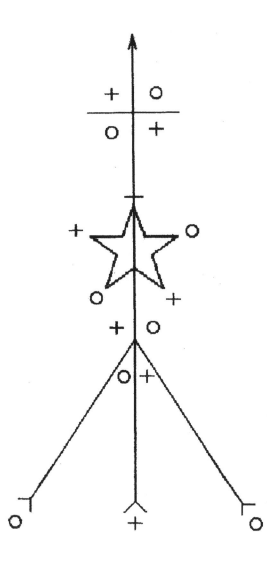

LAS HORAS DE GOBIERNO DE LOS MPUNGOS

Si siguiéramos religiosamente las horas de gobierno de los Mpungos, los resultados Serían eficaces; los mpungos tienen misiones diferentes, relacionadas con los seres humanos. Les citó un ejemplo, Koballende, una de las tantas misiones que tiene es la de velar por la salud del ser humano, lo aconsejado en ese instante si de salud se trata, es que deberíamos de esperar exactamente a la hora que él esté gobernando y los resultados son de seguro serán positivos;\ pero si en la hora que está gobernando Koballende; queremos resolver un problema de justicia, que al Mpungo Zarabanda, es el que corresponde, seguro que no tendremos los resultados esperados.

Cada una hora los mpungos se relevan, de alli la importancia en saber que Mpungo está gobernando y de lo que traten los problemas que se quieran resolver de día y de noche, todos los trabajos que se hagan en el Palo Monte recibirán el triple de la fuerza porque nuestra religión está gobernada por Zambia y los mpungos.

HORARIOS (A.M.) GOBERNADO POR LOS MPUNGOS

Ndiame	Dianzona	Nzala	Nkando	Nkosi	Nfuanba	Wuanba	Nkue
Yesi	Zarabanda	Malenke	Nkullo	Iyam doki	Buntun	Nzasi	Koballende
Yole	Nzasi	Koballende	Zarabanda	Malenke	Nkullo	Iyam doki	Buntun
Itatu	Iyam doki	Buntun	Nzasi	Koballende	Zarabanda	Malenke	Nkullo
Iya	Malenke	Nkullo	Iyam doki	Buntun	Nzasi	Koballende	Zarabanda
Ifumo	Koballende	Zarabanda	Malenke	Nkullo	Iyam doki	Buntun	Nzasi
Isabami	Buntun	Nzasi	Koballende	Zarabanda	Malenke	Nkullo	Iyam doki
Isubuare	Nkullo	Iyam Doki	Buntun	Nzasi	Koballende	Zarabanda	Malenke
Inona	Zarabanda	Malenke	Nkullo	Iyam doki	Buntun	Nzasi	Koballende
Mendako	Nzasi	Koballende	Zarabanda	Malenke	Nkullo	Iyam doki	Buntun
Kumipo	Iyam doki	Buntun	Nzasi	Koballende	Zarabanda	Malenke	Nkullo
Kumisi	Malenke	Nkullo	Iyam doki	Buntun	Nzasi	Koballende	Zarabanda
Kumile	Koballende	Zarabanda	Malenke	Nkullo	Iyam doki	Buntun	Nzasi

HORARIOS (P.M.) GOBERNADO POR LOS MPUNGOS

Ndiame	Dianzona	Nzala	Nkando	Nkosi	Nfuanba	Wuanba	Nkue
Yesi	Iyam doki	Buntun	Nzasi	Koballende	Zarabanda	Malenke	Nkullo
Yole	Malenke	Nkullo	Iyam doki	Buntun	Nzasi	Koballende	Zarabanda
Itatu	Koballende	Zarabanda	Malenke	Nkullo	Iyam doki	Buntun	Nzasi
Iya	Buntun	Nzasi	Koballende	Zarabanda	Malenke	Nkullo	Iyam Doki
Ifumo	Nkullo	Iyam doki	Buntun	Nzasi	Koballende	Zarabanda	Malenke
Isabami	Zarabanda	Malenke	Nkullo	Iyam doki	Buntun	Nzasi	Koballende
Isubuare	Nzasi	Koballende	Zarabanda	Malenke	Nkullo	Iyam doki	Buntun
Inona	Iyam doki	Buntun	Nzasi	Koballende	Zarabanda	Malenke	Nkullo
Mendako	Malenke	Nkullo	Iyam doki	Buntun	Nzasi	Koballende	Zarabanda
Kumipo	Koballende	Zarabanda	Malenke	Nkullo	Iyam doki	Buntun	Nzasi
Kumisi	Buntun	Nzasi	Koballende	Zarabanda	Malenke	Nkullo	Iyam doki
Kumile	Nkullo	Iyam doki	Buntun	Nzasi	Koballende	Zarabanda	Malenke

LOS NUMEROS QUE USABAN LOS CONGOS:

NUMEROS	FIGURAS	L.C.
1.)	XOX XOX XOX OOO	yesi
2.)	XOX XOX XOX XOX	yole
3.)	OXO OXO OXO XOX	itatu
4.)	OXO OXO XOX XOX	iya
5.)	OXO XOX OXO XOX	ifumo
6.)	OXO XOX XOX XOX	isabami
7.)	OXO XOX XOX OXO	isubuare
8.)	OXO OXO OXO OXO	inona

Estos números también fueron usados por los carabalíes semi bantùes Efik y Efor, también lo usaron los isuamas, bricamos, abayas, olugos, kuebanos, ota, bibi, isike, mini, (etc)

CONTINUACION DE LOS NUMEROS QUE USABAN LOS CONGOS:

NUMEROS	FIGURAS	L.C.
9.)	XOX XOX XOX OXO	mendako
10.)	XOX OXO XOX OXO	kumipo
11.)	XOX OXO XOX XOX	kumisi
12.)	XOX OXO OXO XOX	kumile
13.)	OXO XOX OXO OXO	kumite
14.)	XOX XOX OXO XOX	kumiya
15.)	OXO OXO XOX OXO	kumino
16.)	Xox XOX OXO OXO	kumibami

CONTINUACION DE LOS NUMEROS QUE USABAN
LOS CONGOS:

17.)	kunmile	45.)	iyaifu	73.)	isuita
18.)	kumino	46.)	iyaisa	74.)	isuiya
19.)	kiminfi	47.)	iyasu	75.)	isaifu
20.)	yopo	48.)	iyaino	76.)	isuisa
21.)	yoye	49.)	iyame	77.)	isuisu
22.)	yoyo	50.)	ifupo	78.)	isuino
23.)	yoita	51.)	ifuye	79.)	isume
24.)	yoiya	52.)	Ifuyo	80.)	inopo
25.)	yoifu	53.)	ifuita	81.)	inoye
26.)	yoisa	54.)	ifuiya	82.)	inoyo
27.)	yoisu	55.)	ifuifu	83.)	inoita
28.)	yoino	56.)	ifuisa	84.)	inoiya
29.)	yomen	57.)	ifuisu	85.)	inoifu
30.)	itapo	58.)	ifuino	86.)	inoisa
31.)	itaye	59.)	ifume	87.)	inoisu
32.)	itayo	60.)	isapo	88.)	inoino
33.)	itata	61.)	isaye	89.)	inome
34.)	itaiya	62.)	isayo	90.)	menpo
35.)	itaifu	63.)	isaita	91.)	menye
36.)	itaisa	64.)	isaiya	92.)	menyo
37.)	itaisu	65.)	isaifu	93.)	menita
38.)	itaino	66.)	isaisa	94.)	meniya
39.)	itame	67.)	isaisu	95.)	menfu
40.)	iyapo	68.)	isaino	96.)	menisa
41.)	iyaye	69.)	isame	97.)	menisu
42.)	iyayo	70.)	isupo	98.)	menino
43.)	iyaita	71.)	isuye	99.)	menme
44.)	iyaiya	72.)	isuyo	100.)	yepopo

SIGNIFICADO DE LOS COLORES

En el antiguo reino congo los colores (ngrima) se asociaban con el pasado, presente y el futuro de sus pobladores.

La convivencia disciplinada de los congos clasificaba a través de los colores los rangos de sus habitantes. Todo en la vida de los congos y en el África en general se hermanaba con los colores.

1. El color negro, el más cuestionado en el mundo actual, representa a la noche y a los misterios, símbolo de la fecundidad y el comienzo de todos en el mundo. Sintetiza todos los colores y también es el símbolo de la virginidad. La iglesia católica a través de sus inquisidores y el ejército español en los tiempos del capricho de la enajenación se encargaron de hacerle ver al mundo que el hombre negro y el color negro en general eran algo malo e infernal considerando el color de la muerte, del luto y de los pecados.

2. El color blanco, representa al día y el fín de todo excluyendo al continente Europeo, el resto de los continentes consideran que el color blanco representa a la muerte, el luto, el infierno y las tinieblas de donde proviene todo lo malo que afecta a los seres humanos. Los negros congos siempre le temieron al color blanco considerandolo como el color de de las tradiciones.

Uno de los conceptos del negro congo de áquellos tiempos decía: nkato banale mundele kiziako (Que en el Africa lo único blanco que existía era la calavera del negro). En el pintoresco mundo africano el color blanco significaba peligro.

En la religiones afrocubanas especialmente en la ¨santería¨ se introduce el color blanco en algunos ritos a partir del año 1906, anteriormente a este año se consideraba el color blanco como el color fantasma que provocaba espantos.

3. El color azul oscuro, es el secreto de todo lo que se desea, representa el amanecer y el poder de la grandeza.

4. El color azul ultra mar, representa las dos primeras horas de la tarde y al milagro de la sanación física y espiritual.

5. El color agua transparente, representa el meridiano, los espíritus y a la ley de la atracción.

6. El color amarillo, representa a las tres (p.m) la maternidad y el consentimiento humano.

7. El color anaranjado, representa a las seis (p.m) y todos los cambios.

8. El color carmelita, representa a las cuatro (p.m) y a la virilidad del hombre.

9. El color crema, representa a las once (a.m) la dinastía, alegría y el comienzo del rasocinio.

10. El color gris oscuro, representa a las diez (a.m) y el principio y fin de los malos tiempos.

11. El color gris claro, representa a las cinco (p.m) y a las virtudes de las imágenes.

12. El color violeta, representa alas nueve (p.m) las mareas y el desequilibrio mental.

13. El color violeta claro, representa a las nueve (a.m) es el horario de la separación del espíritu del cuerpo físico.

14. El color morado, representa a las once (p.m) las enfermedades y la atracción a lo desconocido.

15. El color plateado, representa a los horarios de (12:30 a 1:30) a la infidelidad y la traición (a.m y p.m).

16. El color rojo, representa a la una (p.m) a las pasiones tentativas y al amor.

17. El color oro, representa las doce del día, a la codicia del poder y la ambición.

18. El color rosado, representa las doce horas de la noche y al crecimiento de todo en el mundo.

19. El color verde oscuro, representa los horarios de la madrugada y a las fuerzas astrales actuando sobre la tierra.

20. El color verde claro, representa a las ocho (p.m) es el horario de las reunificaciones.

LOS COLORES:

NUMEROS L. CONGO	COLORES L. CONGO	ESPAÑOL
yesi	bafiote	negro
yole	mundele	blanco
Itatu	eyemo	azul oscuro
iya	eyemole	azul ultramarino
ifumo	lanfumbe	agua transparente
isabami	lenke	amarillo
isubuare	lenle	anaranjado
inona	nkai	carmelita
mendako	nfin	crema
kumipo	banzo	gris oscuro
kumisi	banzumun	gris claro
kumile	ukomo	violeta oscuro
kumite	ukomole	violera claro
kumiya	ukanko	morado
kumino	konke karili	oro
kumibami	kondo	plata
kuminle	lule	rojo
kumino	lulenka	rosado
kuminfi	mafinda	verde oscuro
yopo	mamole	verde claro
yoye	kariri	una luz que brilla

SIMBOLOGIA QUE REPRESENTA A LOS SIETE MARES

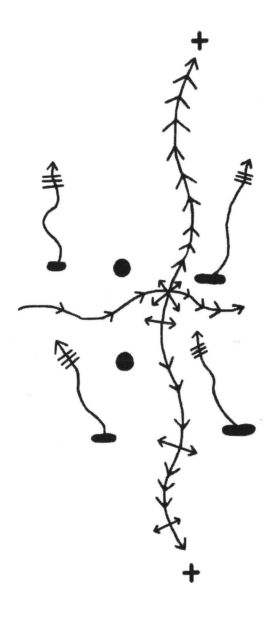

TRAZO MAGICO DEL MPUNGO NZASI, PARA ESPANTAR A LOS MALOS ESPIRITUS CON LA AYUDA DE LA (POLVORA) FULA

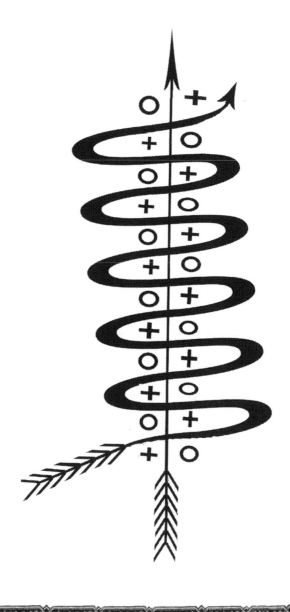

MUZUKU DENDE

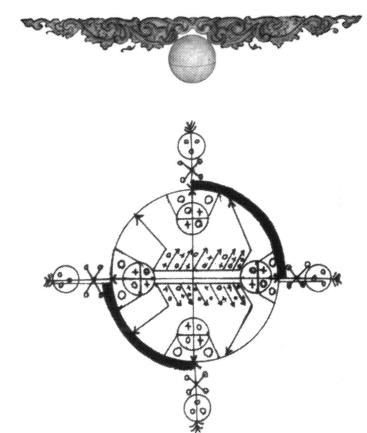

   Esta es la simbología, es la que aparta del cuerpo al (Muzuko Dende)
Ánima sola, esta entidad no actúa voluntariamente eligiendo cabeza,
ésta es conquistada a través de ofrendas y palabras sentimentales, que
sólo salen del alma de una mujer sufrida, sin tener la necesidad de acudir
a ningún ritual. Muzuku Dende ataca a los infieles; cuenta la historia
negra del sufrimiento por amor, al ser traicionada por sus mejores
amigas. Ningún hombre, puede conquistarla para hacer trabajos a su
favor, ella declaradamente es una enemiga potencial de los hombres y
también de las mujeres que destruyen los matrimonios.

GLOSARIO

Abakuá - Sociedad secreta compuesta hasta nuestros dias exclusivamente por hombres, esta creencia de ancentral origen africano aparece en Cuba a la llegada de los primeros negros esclavos en 1517 constituyendo las primeras ¨potencias¨ abakuá, los batoides que habitaban las regiones del Niger y el rio Cruz, aunque luego se le sumaron otros africanos traídos a la isla.

Se establece en Cuba la primera sociedad secreta abakuá durante el siglo XVIII, el gobierno colonial español había permitido el establecimiento de una organización singular – los cabildos negros organización donde podian reunirse entidades. de socorro mutuo. En los cabildos africanos y sus descendientes pudieron conservar y transmitir parte de los valores y tradiciones sociales y religiosos de sus sociedades secretas abakuá, que tiene como próposito social la ayuda y el socorro mutuo, entre sus miembros. Hoy en día continuan existiendo en Guanabacoa, Regla, Marianao, Cárdenas y Matanzas.

Brakamundo – Significa una serpiente con colores iluminados que bordea al globo terráqueo y conocemos por el nombre de arco iris; según las leyendas del mundo místico cuando aparece el arco iris es el fín de los problemas y calamidades, promesa que hizo Dios de que la Tierra no volvería a ser destruida por las aguas.

Para los congos la presencia del tan aclamado arco iris representa un cambio, un buen presagio, la paz y el incremento de bienes y de salud, la curación de los enfermos y la yuda de los cielos en todas las mejoras de los seres humanos.

Brillumbero – Brujo de tradición de la rama Brillumba que le rinde culto a los muertos y a los espíritus de la tierra.

Congos – Se consideró en Cuba a los originarios del Camerún, Mozambique, y el sur de Angola.

Fuiri – Muerto, el fin de una vida.

Malongo – Fiesta religiosa de carácter obligatorio, para que se confirmen los ritos y los dioses acepten y bendigan todos los pasos que se dan dentro de la religión; se pide y se recibe a través de los tambores, sin la bendición de ellos es imposible dar por hecho los rituales esenciales de la religión de origen congo, el Palo Monte.

Mambos – Canciones dirigidas en los rituales a los mpungos.

Mayombe – Región del congo.

Mayombero – Brujo de tradición de la rama Mayombe que le rinde culto a los muertos y a los espíritus del cielo.

Mpungos – Poderes conocidos como deidades que dan culto a las diversas religiones existentes en el mundo.

Munanzo Congo – Templo de lo sagrado, habitación de alternación entre los vivos y los muertos.

Nazako – Brujo, dignidad con el grado de abasekiñoñgo jerarca que consagro la primera potencia (sociedad secreta abakuá) en la antigua civilización carabalí.

Nfumbe – Espíritu materializado que vive en la nganga y donde se apoya la religión de los muertos, El Palo Monte. Los nfumbe son una obra de lo divino.

Nganga – Habitáculo sagrado de los restos de los difuntos y los ancestros, objeto del culto directo al que se le incorpora un mpungo o nfumbe.

Ngando – Todo lo que forma parte del universo.

Ngando Congo – Son los oficios selectos de un colectivo denominado a la categoría de hijos medianos facultados a través de una ceremonia que les permiten oficiar en todas las posiciones de jerarquía hasta suplantar al Tata principal en su ausencia.

Nzo Nganga – Templo sagrado de las ngangas que no admiten por algunas razones que sobre ellas se hagan iniciaciones.

Nkatike – Es la magia que le da vida a los muertos y mantiene viva la religión de los muertos por los siglos de los siglos, Zambia (Dios) todo poderoso.

Nkisi – Hijo menor de las ngangas iniciado en el culto de los muertos en su primera fase.

Shanganí – Según algunos de los narradores de historias gangás, era el nombre del primer negro que visitó la isla de Cuba, siendo expedicionario con Cristóbal Colón a Ámerica, en el primer viaje fue el contacto inicial de Cuba con África.

Este hombre negro de origen carabalí brícamo, de la tribu de Efik a su regreso al África alertó a sus hermanos africanos del mal que se les avecinaba y se presume que poco caso le hicieron.

Sunsundamba – La Lechuza, mensajera de la muerte, aliada de los brujos y el pájaro de los muertos, tiene poderes extraordinarios. Vive en ella un pacto con las brujas nocturnas que tienen a su vez un pacto con el diablo.

Tata – Padre consagrado en la segunda fase del culto de los muertos, donde adquiere la autoridad para oficiar en todos los ritos del Palo Monte.

Tata Nkisi Malongo – El iniciado que fue consagrado en la segunda fase y en cuya ceremonia fue acompañado del toque de los tambores sagrados.

Tata Nkisi – El hijo que fue consagrado en la segunda fase, sin la bendición de los tambores sagrados.

TataTatandi – Brujo: Hombre dotado de poderes mágicos, experimentado en el Palo Monte. Es el rango más alto que se obtiene en el Palo Monte, este sólo lo logra el tiempo, no requiere de ceremonia alguna. Cuando la nganga de un tata haya podido parir tres generaciones de ngangas y nkisi entonces el tronco mayor, automáticamente le corresponde el título de tata tatandi andi bilongo man kita.

Yayi – Hija mayor de la nganga que se le faculta a través de una ceremonia a la posición de madrina del colectivo que integra esa casa.

Yimbe – Brujo: El hombre al que lo acompañan poderes sobrenaturales mágicos.

Zambia – Dios es el nombre que le dieron los congos al Ser Supremo de los cielos, hacedor de todo en el mundo, la personalidad perfecta poseedor de todas las virtudes y opulencias, creador del universo, al cual conserva y rige con su divina providencia.

La palabra Zambia en la lengua primitiva de los congos significa Zam (África) Bia (territorio).

PALO BRAKAMUNDO: este libro contiene aspectos de la historia de la vieja religión de los congos, que ha sobrevivido sorprendentemente formando parte del patrimonio cultural cubano aceptado por la mayoría. El Palo Monte es el culto a los muertos que permite reunir a las familias para la continuidad de las tradiciones, es un culto basado en escrituras mágicas en que se apoyan sus ritos, es un poder superior tangible e invisible al servicio de los hijos de Dios.

Estas prácticas religiosas han sido tema de investigación para los estudios africanistas de los grupos étnicos importados por el comercio de esclavos. Para éstos, el tema investigativo ha tenido pocos resultados satisfactorios porque los descendientes de los congos mantienen el principio de que su religión trascienda extremadamente secreta y así prosiga su carácter original.

PALO BRAKAMUNDO

Este libro es la síntesis de mis experiencias, acerca de el Mayombe congo y el Palo Monte cubano pero muy profundamente es el resultado de mis investigaciones, las que han motivado en mí el deseo de satisfacer la curiosidad del hombre del mundo actual, interesado en este tema del Palo Monte, que ha sido la religión de origen africano, que más difícil, se le ha hecho a los historiadores el poder recopilar información de la misma.

Deseo de todo corazón que les sea de utilidad y de desarrollo espiritual, ante las adversidades de la vida.

Autor: Carlos Alberto Rojas Calderón